KB261951

흙으로 빚는 자유

옹기장이 이현배 이야기

흙으로 빚는 자유

사ㅁㅁ계절

글쓴이의 뜻에 따라 어떤 낱말은 맞춤법대로 표기하지 않은 경우도 있습니다.

옹기쟁이의 궁색한 변명

중학생 때였습니다. 친구와 도둑질을 하다 잡혀 반성문을 쓰게 되었는데 어떻게 해서든 그 반성문으로 주인양반을 감동시켜 체벌을 면해야 했기에 그럴싸하게 썼지요. "잡아주셔서 감사합니다. 바늘도둑이 소도둑 된다는데 이 시점에서 안 잡혔다면 큰도둑이 될 수도 있을 테니까요" 하는 내용으로 스스로 생각해도 잘 쓴 반성문이었습니다. 그런데 스스로 글솜씨를 대견해하면서 가보니까 저 스스로 도둑인 걸 인정하는 거였습니다. 그리고 알았습니다. 제가 도둑인 것을. 그래 깜짝 놀랐지요. 그 전까지만 해도 어려서부터 도둑질을 곧잘 해왔지만 스스로는 도둑이라고 생각을 안 했으니까요. 글이 저 자신을 알게 해주었던 것입니다.

그렇게 자꾸 쓰다 보니 글을 통해서 저 자신을 알게 되었습니다. 그런데 글의 속성이 그런지 저 자신은 맨날 그대로인데 글이 저만치 앞서 있는 거예요. 그래 글쓰기를 작파해 버렸드랬습니다.
그러고는 다시 흙으로 하는 일을 시작한 거랍니다. 어려서 양지바른 곳에 혼자 앉아 사금파리 같은 걸로 땅에다 글씨를 파구서는 흙으로 묻었다가 다시 찾아내는 놀이를 잘 했드랬습니다. 더욱이 도둑질하고 나면 적당한 긴장감에서 오는 짜릿함과 그게 소멸되면서 갖게 되는 공허함 같은 게 있어서 진로 선택을 해야 할 때면 꼭 그 놀이가 생각나 방향 설정에 도움을 주었습니다.

사금파리로 땅을 파며 쓰는 것은 볼펜으로 쓰는 것처럼 미끄러지지 않고 붓글씨처럼 고도의 수련 끝에 가능한 것도 아니어서 꼭 나만큼, 쓰는 사람의 의지대로 씌어지니 저처럼 서툴고 부족한 사람에겐 알맞은 일이라 생각했던 것입니다. 그리하여 흙과 땅과 사람의 관계가 옹기와 무진장과 이현배로 형성된 것입니다.

이 지면을 통해 "옹기쟁이 이현배입니다" 해놓구서 그릇을 안 내놓고 글을 내놓자니 사실 쑥스럽습니다만, 저에게 글이란 것은 어떻게 쓰느냐의 문제가 아니고 어떻게 사느냐입니다. 또 옹기쟁이로 어떻게 사느냐 하는 것은 그릇을 어떻게 만드느냐였습니다.

제가 십 년을 작정하고 옹기일을 붙들었을 때, 옹기는 옹기쟁이한테나 우리 사는 삶에 온전하게 있지 않았습니다. 옹기쟁이한테는 옹기를 뚝딱 만들어내는 오직 행위뿐이었고, 우리 사는 삶에서는 거의 형식뿐이었습니다. 그나마도 우리 도자문화에서는 고마운 일이지만 말입니다.

그 십 년이 되었습니다. 십 년이 지나 저 자신도 옹기쟁이로 행위뿐이고 저 사는 삶 또한 형식뿐임을 고백합니다. 그리고 그게 바로 저의 자격임을 알면서도 옹기일을 하면서 한숨 돌리는 애기로 『문화저널』에 썼던 글들을 모아 감히 책으로 묶어보았습니다.

다만 제가 우리 사는 삶에서 숨은 그림 찾기처럼 옹기와 삶의 재미를 찾아 왔던 것처럼 여러분 또한 이 글에서 숨은 그림 찾기 같은 작은 노력이 필요할 것입니다. 그것은 제가 옹기와 삶의 재미를 우리 사는 삶의 표면에서 찾지 않고 이면에서 찾았기 때문이며, 크기나 부피에서 찾지 않고 깊이에서 찾았기 때문일 것입니다(앞으로 기회가 주어진다면 '옹기'에 대한 이야기는 따로 하고 싶습니다).

2000년 겨울
손내마을에서
이현배 씀

2부 | 아빠는 옹기쟁이, 아들은 고집쟁이

3부 | 밥과 똥 사이, 똥과 밥 사이

4부 | 다시 쓰는 옹기사전

도랑사구_ 알단지_ 청단지_ 귀단지(냉장고용 단지)_ 곤쟁이꽃병_ 꽃장군_ 쌀독_ 확독_ 찻그릇_ 한송이꽃병_ 고춧가루단지, 깨소금단지_ 왕소금단지_ 시루_ 옴박지_ 수저통_ 장병_ 물분지(물독)_ 오목아리_ 반곤쟁이_ 키다리꽃병(우산꽂이)_ 필통, 붓통_ 엄지_ 화분_ 재떨이(사각소스볼)_ 오목단지_ 양식기_ 샐러드볼, 수프볼_ 질접시_ 칼전접시_ 과반_ 술병_ 약탕관_ 푼주(큰뚝배기)_ 키큰뚝배기_ 물잔_ 오지솥_ 상차림_ 등잔_ 장독대

1부

옹기, 깨지는 아름다움

옹기는 옹구다

지금은 떠났는데 작년에 일 배우러 왔던 친구는 우리가 옹기를 '옹구'라고 하니까 왜 '옹구'라고 하느냐고 묻더니 얼마만큼 세월이 지나고 나니까 그 친구도 옹기를 '옹구'라고 한다. 그 친구가 왜 옹기를 '옹구'라고 하느냐고 물었을 때 옹기일을 더 붙들고 지내보면 알 거라 했다. 그 친구도 옹기일로 생각이 많아질 때쯤에 독백처럼 "아! 옹기가 옹구네", "아! 옹기가 옹구네" 하게 되었다.

옹기는 옹구다. 왜 옹기가 옹구냐? 옹구에는 호흡이 있기 때문이다. 옹기가 학교 칠판에서 분필이 내는 소리라면, 옹구는 할머니와 어머니 삶의 목구멍에서 우러나옴직한 소리다. 그 걸걸해 보이는 물건이 아주 맑은 소리를 내는 것도 옹기가 옹구이기 때문이다.

호흡이 있다는 것, 숨을 쉰다는 것, 그건 소통이다. 안과 밖, 위와 아래, 어제와 오늘이 각자의 위치에서 서로 교통한다는 것이다. 이건 숨쉬는 그릇이라는 호흡 기능말고도 조형도 색감도 살아 있다는 뜻이다.

사실 우리에게 도자기라는 게 별거 아니었다. 청자기를 두고 중국 사람들이 '고려청자' '고려자기' 하면서 대단하다 하니까, 백자기·분청사기를 두고 일본 사람들이 '이조백자' '이조사기' 하면서 대단하다 하니까 우리도 "아, 대단한 거구나" 했잖은가.

그렇다고 이걸 부끄러워할 일은 아니라고 본다. 관념미와 생활미에 대한 구분 없이, 생활에서 철저하게 실천 도덕을 완성시켜 왔으니 말이다.

그나저나 우리는 도자기의 절반을 잃었다. 도자기의 절반인 자기의 전통이 단절되었으니 말이다. 그나마 남은 도기, 즉 옹기마저 온전하지 못하다. 다만 아직까지도 우리 생활에 가깝게 있고, 이제는 많은 이들이 옹기에서 아름다움을 찾는다는 사실이 우리에게 다시 시작할 수 있는 여지를 준다.

외국의 경매시장에서 우리의 묵은 도자기가 최고가로 팔렸다는 것은 우리의 도자 현실에서 아무런 의미가 없다. '관념미와 생활미의 구분이 없는 세상', 그게 우리 도자 한국의 자부심이어야 할 것이다.

🝙 옹구는 옹기의 사투리다.

옹기, 깨지는 아름다움

셋째아이 바우는 툭하면 "아빠, 이 다음에 내가 크면 엄마가 되고 아빠는 할아버지가 되지이? 그라고 내가 더 크면 아빠는 죽지이?" 한다. 틀림없는 얘기인지라 그렇다고 대답을 하지만 두고두고 괘씸하다. 세상 이치라는 게 당연한 게 너무 당연하면 그게 또 막연한 법인가 보다.

옹기그릇을 두고 "이거 깨지죠?" 한다. 참 민망한 질문이지만 틀림없는 얘기인지라 "예, 깨져요" 한다. 그러면 손님은 그냥 간다. 왜 깨지냐고 묻는 걸까. 안 깨지는 옹기를 만들어야 한다는 걸까?

언젠가 어떤 도자기 회사에서 자동차가 밟고 지나가도 안 깨지는 그릇이라고 자랑한 적이 있다. 그게 아니라도 외국에서 들어오는 어떤 그릇은 지금도 그렇다고 선전되고 있다. 사람들이 그걸 보고서 옹기그릇을 두고 깨지냐고 묻나 보다.

옹기그릇은 깨진다. 분명히 깨지는 물건이다. 우스갯소리로 "깨져야죠.

더 잘 깨져야죠. 그래야 옹기쟁이가 먹고 살죠" 한다. 우스갯소리만은 아니다. 그릇이 깨져야 평소 그릇을 쓰면서 조심성이 생기고, 그게 몸에 익으면 그릇뿐만 아니라 사람을 대할 때도 남에 대한 배려가 생기는 게 아닐까. 안 깨지는 그릇을 쓰면서부터 우리의 마음이 더 강퍅해진 게 아닐까.

요새 안 깨진다는 쇠그릇이나 플라스틱 물건들이 생긴 것은 멀쩡해도 버려지는 것을 보면, 깨진다는 게 안 깨지는 거고 안 깨지는 게 깨지는 거 아닌가 싶다. 그렇다. 이게 결코 다르지 않다.
다 우리의 마음속에 있을 뿐이다.

옹기는 쉬운 거

서울 사는 조카가 다니러 오면서 초등학교 2학년인 큰애에게 국어사전을 선물해 줬다. 옹기일을 하고부터 나는 사전을 보면 '옹기' 항목을 먼저 찾아보는 습관이 생겼다. 그리고 그 설명에 따라 그 사전의 가치를 판단해 버린다. 옹기가 세상을 판단하는 기준이 된 것이다.

'사전'이라는 책자는 참 대담하다. 무엇이든 이거다, 저거다 하고 용기 있게 단정을 져놓으니 말이다. 그리하여 그 의미를 꽤 왜소하게 만들기도 하는데 덧붙인 설명이란 건 오히려 구차하다. 괜한 짓으로 여겨진다. 그래서 옛날 사람들은 일을 일로 남겼나 보다. 왜 문자로 남기지 않았느냐고 원망도 해보았지만 문자란 게 어리석은 거라는 걸 이제는 알 것 같다. 그렇지만 어쩔 것인가. 일이 일로 이어질 수 없게 되었고, 물건이 물건으로 설명되지 못하는 세상이 되었으니 말이다.

나는 이번에 꽤 좋은 사전을 만났다. 초등학생들이 이해하기 쉬우라고 그랬는지 아주 간단명료하다. 몇십 권짜리 무슨 대백과사전이니 하는 것들이 얘기하는 것보다 훨씬 쉽게 공감할 수 있는 내용이었다. 그렇다. 옹기는 쉬운 거다. 간단하다. 적어도 우리 한반도 사람들한테는 그렇다. 우리와 수백 수천 년을 함께 해온 물건이 아닌가. 그러니 거리낌이 없고 간단하고 쉬운 물건일 수밖에 없는 것이다. 우리에게 호흡 같은 물건이라서 오히려 인식하기 어려웠다. 굳이 인식할 필요조차 없었다. 그러나 우리의 생활문화가 바뀌면서 호흡이 거칠어지니 새삼스럽지만 새롭게 인식할 필요가 있다고 여겨진다. 그래서 여기에 그 내용을 옮겨보면 이렇다.

옹기 : 질그릇과 오지그릇을 통틀어 일컫는 말.

질그릇 : 질흙을 원료로 해서 잿물을 입히지 않고 구워 만든 그릇. 토기.

오지그릇 : 붉은 질흙으로 만들어 볕에 말리거나 약간 구운 다음 오짓물을 입히어 다시 구운 질그릇.

— 『새국어사전』(초등학생용), 동아출판사

한 가지 더 알아보자면, 옹기하고 도자기하고 어떻게 다르냐고 물어봐쌌는데 그것도 사전적으로 풀어보자면 이렇다.

도자기 : 질그릇, 오지그릇, 사기그릇을 통틀어 말함.

— 위 사전

정리하면 이렇다. 도자기=도기＋자기인데, 도기=옹기이고, 옹기=질그릇＋오지그릇. 즉, 도자기＝도기(질그릇＋오지그릇)＋자기(청자, 백자, 분청사기)인 것이다.

옹기가 사전적으로 도자기의 절반으로 되어 있는데 우리의 도자기 문화에서는 도자기 전체를 아우를 수 있는 큰 이름인 것이다.

흙과 옹기

옹구막에 오는 사람들 중 열에 아홉이 흙은 어디서 가져오냐고 묻는다. 사람한테 '흙'이 갖는 의미는 신발 바닥에 밟히는 것 이상으로 그 무엇이 있나 보다. 그렇지 않다면 어찌 그리 한결같이 흙에 대해서 물어볼까.

흙은 어디에나 있다. 하도 흙을 멀게 생각하기에 하는 소리다. 흙이라면 다 옹기를 만들 수 있다. 당장 손 안에 잡혀 있는 걸로 잘 만들어지지 않으면 다른 손으로 다른 흙을 섞어 쓰면 된다. 그런저런 노력을 하지 않고서도 쓸 수 있는 흙마저도 한반도에는 흔하다. 어디 가서든 깃발을 꽂고서 삼사 킬로미터 반경 안에서 찾을 수 있는 게 옹기 찰흙이다. 우리가 소나 돼지를 잡으면 머리끝에서부터 발끝까지 다 먹듯이, 옹기는 흙의 어느 성분, 어느 부분만을 쓰는 게 아니다. 전부를 쓴다.

옹기그릇에서 흙이 좋아야 한다는 얘기는 제품의 질 때문이 아니라, 생산 과정의 편이를 위한 얘기일 뿐이다. 옹기 찰흙은 흔하다. 초등학교 앞 문방구에서 파는 찰흙이 바로 옹기 찰흙이요, 옛날에 구석기나 신석기 시대의 상고시대 원시인들이 나뭇가지나 길쭉한 돌멩이로 흙을 파서 그릇을 만들 때 쓴 게 바로 옹기 찰흙이다.

이 말은 여러 가지 의미를 포함한다. 학교 앞 문방구에 있다는 얘기는 갖고 놀기 가장 좋은 흙이라는 말도 되고 가장 싼 흙이라는 말도 되는데, 상고시대부터 오늘날까지 파서 쓰고도 또 많으니 우리에게 흔한 흙이라는 얘기다.

옹기장이 말로는 잿물이고, 요즘 말로는 유약이라고 하는 것도 재와 매흙을 섞어 만든 것이다. 재는 그냥 풀이나 나무를 태운 재면 되고, 매흙이라고 하는 것은 부엽토 밑의 찰진흙으로 부엽토의 영양가가 빠져나가지 않았으면 된다.
옹기는 이렇게 몸을 이루는 흙이나 그 위에 바르는 잿물이나 흔한 것이다. 그래서 좋은 그릇인 것이다.

대부분의 경우 진리는 보편타당성 속에 있고, 이로움은 흔한 가운데 있게 마련이다. 그래서 옹기도 좋은 물건이다. 그런데 오늘날 우리는 어떠한가. 희한해야 대단히 여긴다. 그러다가 우리는 많은 것을 잃었다. 그리고 많은 것을 잃고 있다.
안타까운 일이다.

태림바탕

옹구막에 구경을 오면 여러 과정 중에 그래도 물레일이 제일 볼만한 모양
이다. 물렛간 앞에서 한참을 있다가는 화들짝 놀라며 "아이고, 내가 시간
가는 줄도 모르고 이러고 있네" 한다. 그런데 그보다도 혹 '태림바탕'을 밟
고 있지 않은지 조심해야 한다. 그릇을 만들기 위해 흙을 내리는 곳이니
신발 흙이 묻는다면 옹기공 입장에선 얼굴을 밟히는 것같이 심사가 불편
해지기 때문이다.

이 '태림바탕'은 물레 가까이에 폭 두 뼘 정도에 길이가 한 발이 조금 넘고
한 뼘 정도의 깊이로 옹기 질흙을 박아 만들어진 공간이다. 이 바탕에서
태림을 내리자니 너무 마르면 바닥이 일어나고 너무 무르면 질흙이 달라
붙는 등 일을 성가시게 하므로 옹기공들이 애써 관리하는 곳이다.

이 '태림바탕'에서 태림을 내리는데 대개는 떡국가래처럼 흙가래를 내리
고 호남지방 옹기공들은 판장질을 내린다. 질흙을 판자처럼 내린다 하여
판장질이라 하는데 다르게는 체바퀴태림이라고도 한다. 그릇 만드는 일에

있어 세계적으로 유일한 공법이라 하는데 참 재미나 보이는 장면이다.

이번 여름방학에 교원연수 온 사람들이 세 개 조로 나눠 옹기일을 익힐 때 태림 내리는 조가 좀 하다가 다 관두는 거였다. 도대체 종아리가 아파 못하겠다는 거다. 이해가 가는 대목이라 굳이 강요하지 않았다. 옹기장이가 된다는 것은 잘 쭈그리고 앉게 된다는 얘기라 해도 좋을 만큼 앞일(물레일)의 첫 일이 이 '태림바탕'에서 이루어진다.

그러고 보면 나는 아마 괜찮은 옹기장이가 되었나 보다. 변소에 볼일 보러 가서는 쭈그리고 앉아 십몇 면 되는 지방신문에 삼십몇 면의 경제신문까지 거뜬히 보고, 목요일에는 그날 배달되는 시사주간지까지 같은 자세로 보고 나오니 말이다.
언젠가 밖에서 기다리던 아내의 한 마디.
"당신 잠들었어요?"

옹기는 무엇으로 만드나

나는 여전히 옹기공 세계에서 얕잡히는 사람이다. 그것은 내가 옹기그릇을 기술로 해결하려 하지 않기 때문에 서툴고 엉성한 까닭이다. 처음 옹기 일을 관법(觀法)으로 익힌데다가 굴절된 옹기 역사의 장본인인 숙련된 옹기공들과 거리감을 두면서 그리 되었다.

그래 나는 "알면 만든다"는 소리를 한다. 이 '앎'은 결코 지식이 아니다. "아는 만큼 보인다"는 말에서도 안다는 게 지식일 수 없고, 보이는 게 눈구멍으로 보이는 게 아니다. 그러니 "볼 수 있는 만큼 알 수 있다"고 할 수 있다. 언젠가 이 문제로 손님으로 오신 독일 사람과 견해를 달리하게 되었다. 그이는 "기술로 된다" 하고 나는 "알면 된다"고 했다. "기술로 어느 정도까지는 되겠지만 궁극적인 것은 해결할 수 없다"고도 했다.

그렇다고 해서 내가 꼭 술(術)을 부정하기만 하는 것은 아니다. 누구든 함께 일하게 되면 먼저 그이 나름대로 해보게 한다. 거기에는 누구나 그 무엇이 있기 때문이다. 나는 우리나라 수천 년 도자기 역사 중에 유일하게 전통을 이어온 게 옹기지만, 그 전통옹기가 옹기장이가 만드는 그릇에 있지 않고, 또 그이들의 지식이나 언어에 있지 않고 오직 몸짓·습관·행위 이런 것에 있다고 본다. 그러니 전통옹기의 보존은 학문이나 박물관에서 할 일이 아니라 옹기장이로 하여금 일을 할 수 있게 해야 옳고, 그 전통옹기의 계승은 그이들의 몸짓·습관·행위 같은 걸 읽고 익히는 일이어야 할 것이다.

나를 떠나 옹기그릇을 손(기술)으로 만드느냐 눈(앎)으로 만드느냐는 닭이 먼저냐 알이 먼저냐, 돈오돈수냐 점오점수냐처럼 앞으로도 문답풀이로 남을 것이다.

🝔 관법(觀法) | 구 년 전 처음 옹기일을 익힐 때 사부께서는 호박만한 깨진 항아리를 놓고서 "보이냐? 보이냐?" 하셨다. 눈구멍이 있으니까 보이는 게 있긴 한데 그걸 보라는 건 아니었다. 그렇게 다섯 달쯤 되었을 때 드디어 보이는 게 있었다. 저 밑에서부터 무언가가 불끈 솟아올라오는 그 무엇을 본 것이다. 나는 그걸 '힘'(파워, 에너지, 기, 파장)이라 표현하고 있다. 그러고는 그걸 질흙으로 형상화하는 데 기술을 보조적 수단으로 삼아왔다.

옹기는 힘

읍내에 갔더니 새 길로 전주서 진안까지 "십칠 분에 왔더라", "이십 분은 걸리더라" 하며 이번에 개통된 전주-무주간 도로에 대한 얘기가 많다.

작년(1995년) 이맘때 제47회 백제기행을 맞이하며 "손내에 오신다고요. 그럼 꼭 모래재로 오세요. 진안고원(무주군, 진안군, 장수군)의 첫머리 모래재를 넘어오시면 진안고원이 어째 진안고원인지 담박에 알 수 있으니까요. 꼭 모래재로 오셔야 해요. 모래재를 넘으면 몸 안에서 뭔가가 막 쳐올라오다가 박하사탕처럼 화하게 풀어지는 느낌을 갖게 되는데, 옹기가 주는 느낌도 그런 거랍니다. 또 옹기에다 담아내고자 하는 것도 그런 것이고요. 오늘 흙을 가지고 그런 느낌을 담을 수 있는 그릇을 만들었으면 합니다" 하면서 꼭 모래재로 오시라 했다. 그리고 백제기행 일행을 맞이해서는 옹기를 한 마디로 뚝 잘라 말하자면 '힘'이라고 주먹을 불끈 쥐어 보였다.

꼭 모래재로 오시라 한 것은 그 길이 옹기와 닮은 구석이 많기 때문이었다. 그 설명을 하자면 이렇다. 옹기는 바닥에서부터 위로 올려다보는 게 옳다. 왜냐하면 만들기를 시계 반대방향으로 밑에서 위로 만들어 올라가고 조형 또한 햇빛에 대한 의지로 하늘 지향적이기 때문이다. 그러기에 옹기는 중심이 위에 있다. 사람으로 치면 어깨 부분에 있다. 물건이란 게 놓고 쓰자면 삼각꼴(△)이기 쉬운데 장독이나 합수독아지 같은 큰 물건까지 역삼각꼴(▽)을 하고 있는 것도 다 이 때문이다.

옹기를 '힘'이라고 한 것은, 항아리에서 뚝배기를 찾아보고 그 뚝배기의 몸을 선의 논리가 만들어놓은 길을 따라 올려다보면 힘을 느낄 수 있기 때문이다. 아지랑이처럼, 불꽃처럼 치고 올라가는 힘이 있다.

요즘 길이 불도저, 포크레인 같은 기계장비에 의해 형성되는 것처럼 그릇 또한 기계의 논리에 의해 형성되고 있다. 그 길은 기계장비가 없던 시절 맹수의 길이었다. 새 길을 뚫어놓고 여럿이 서서 오색 테이프를 잘랐겠지만, 짐승처럼 질주하며 짜릿함을 느끼겠지만, 길가에 서 있는 사람을 생각하면 슬프다.

솜씨 깃들인 '연장', 연장이 만드는 '솜씨'

오늘은 옹기그릇을 만드는 데 사용하는 '연장'에 대해 한번 얘기하고 싶다. 연장 얘기를 하자면 김영감님을 이야기하지 않을 수 없다. 지금은 고인이 되어 손내 옹기공들이 죽어 많이 가는 망볼재 너머 공동산에 묻혀 계신다. 언덕 위의 집, 돌계단을 올라가면 대나무 문살이 아름다운 자그마한 집에서 일찍이 혼자가 되어 단출하면서도 정갈하게 사셨다. 같이 목욕을 자주 했다는 고흥 이대장이 "내가 그런 연장(?) 달고 태어났으면 내 옹구쟁이 안 하고도 훨씬 잘 먹고 잘 살았을 것이다" 하며 김영감님의 연장(?)을 부러워했다. 김영감님의 부음을 전했더니 첫마디가 "그 연장(?) 아까워서 어찌할꼬……"였다.

살아 생전 연로한 몸이라 큰 물건은 못 하고 작은 물건을 맡겨봤었는데, 그릇이 작을수록 크기의 오차가 적어야 하는데 그게 해결이 안 되는 거였다. 그래 두어 달 일하다 말았다. 그해 추석 명절에 김영감님께서 빚은 그릇을 칡넝쿨로 한 죽씩 묶어 동네 집집마다 돌렸드랬다. 그리고 따로 한 상자를 남겨뒀드랬다. 그이의 자제들에게 주고 싶어서였다.

김영감님이 돌아가시고 삼우제를 지낸 날 그 얘기를 하러 갔는데, 마당에서 김영감님이 쓰시던 이런저런 물건들을 태우고 있었다. 아, 그런데 옹기 연장(수레, 조막, 방망이)이 함께 타고 있었다. 나는 살짝 불 바깥쪽으로 툭 차냈다. 아들이 "아, 글쎄 어디 일 가실려고 했는지 비닐봉지에 담아두셨더라구요" 하며 다시 불 속으로 넣는 것이었다. 같이 갔던 재호양반이 "김 영감님은 어디 일 가면 꼭 자기 연장을 챙겨 다니던 양반이라……" 한다.

나는 그릇 얘길 꺼내지 않고 그냥 돌아섰다. 옹기장이였던 아버지가 쓰시던 연장을 간직할 만도 한데 그냥 태워버리는 마당에 아버지의 솜씨가 무슨 의미가 있을까 싶어서였다.
그렇게 아까운 솜씨가 연장과 함께 떠난 것이다.

🍶 옹기그릇을 만드는 데 사용하는 연장들을 얘기하자면 이렇다. 물레 위에 그릇의 바닥을 쳐 만드는 방망이, 몸을 이룰 때 맞장구로 두들겨 주는 수레와 조막, 가실(잘라낼) 때 쓰는 목가새와 밑가새, 몸을 곱게 해주는 조가비와 훑테, 썸질할 때 쓰는 물거죽, 크기를 재는 전짐대, 그릇을 들어낼 때 쓰는 독바지, 들보, 들체. 이런 게 있다. 그 중에 하는 일이 많은 게 방망이, 수레, 조막이다.

득도(得道)

내가
그 좋아하던 여자를
술·담배 끊듯이
뚜욱 끊어버진 것은
몇 번 겪어보고 식상한 까닭이라

으째 식상했는고 하니
입술이 입술이 아니라 아모레고
눈이 눈이 아니라 쥬단학이고
뺨이 뺨이 아니라 피어리스고

같은 식으로
아모레 아니면 쥬단학
쥬단학 아니면 피어리스
피어리스 아니면 드봉

바르지 않아도
그리지 않아도
두들기지 않아도
저절로 아름답고 참으로 고왔던 여인이여
현배를 구원하소서
—1985. 10.

(10년 후)

그러니 내 분칠하고
화장하는 사기쟁이가 되었겠어?

그냥 그대로
아름다운 옹기가 좋아
옹기쟁이가 되었지
—1995. 10.

소똥으로 질그릇 빚은 순임금

큰애가 즐겨 보는 『맹꽁이서당』이란 만화책을 보게 되었다. 내용 중에 글공부보다 노는 것을 더 좋아하는 학동들이 새의 발자국을 보고 한자를 처음 만들었다는 '창힐(蒼頡)'이라는 이를 원망하는 대목이 많이 나온다. 그 만화책을 보면서 옹기일을 배우던 학동시절이 생각나 크게 공감하여 많이 웃었다.

그 학동시절, 일이 힘들면 "어떤 인간이 옹구란 걸 만들어가지고 이 젊은 사람 팔자를 이 지경이 되게 하였을까?" 하는 소리를 실없이 많이 했드랬다. 그러다 한번은 같이 일하던 영감님께 물어봤다. "누가 옹구를 만들어 세상에 내놨대요?"라고. 그랬더니 뜻밖의 대답이 나온다. 당신도 옛날 어른들께 들은 소리인데 순임금이 만들었다 한다.

옹기그릇 만드는 연장 중에 '순임금 붕알'이란 게 있다. 큰 그릇을 만들자면 숯불을 피워 말려가며 만드는데, 하나는 그릇 바깥에다 두고 또 다른 하나는 숯불을 깡통에다 담아 천장에 매단 채 그릇 안에도 둔다. 이때 숯

불 담긴 깡통의 무게를 잡아주느라 다른 쪽에다 흙을 뭉쳐 붙이게 되는데 그게 손으로 쪼물딱거린 거라 영락없는 붕알 형상이다. 그걸 순임금 붕알이라 한다.

그 순임금이 그릇을 얼마나 잘 빚었는고 하니 길가의 소똥을 가지고도 그릇을 그럴싸하게 빚었다 한다. 그런데 더 기막힌 것은 순임금 각시의 묘기인데, 순임금이 금방 소똥으로 빚어놓은 그릇을 순임금 각시는 귀만 잡고서 뒤집어놨다 한다.

얼마 전 사마천의 『사기』를 쉽게 풀어 쓴 책을 읽고서 순임금이 임금 노릇을 하기 전에 질그릇 빚는 일을 하였다는 것을 알게 되었다. 옹기장이들이 자기 좋으라고 지어낸 얘기가 아니었던 것이다.

곧 새 대통령이 행세하는 세상이 될 텐데, 순임금이 소똥을 가지고도 그릇을 그럴싸하게 빚는 솜씨로 좋은 세상이 되게 하였듯이, 요상하게 돌아가는 세상꼴을 부디 바로잡아 주기를 기대해 본다.

옹기는 개도 할 수 있는 일(?)

옹기일을 막 붙들었을 때였다. 일하다가 "아, 이 좋은 옹구일을 요즘 사람들이 왜 배우려 안 하는지 모르겠네" 했더니, "자네 골 아는가?" 하면서 "요즘 젊은 사람들이 골이 비었간디 옹구일을 배워?" 하는 거였다. 나는 속으로 움찔했다. 왜냐하면 학창시절 내 별명이 골배였는데 그것은 골이 비었다는 뜻이었기 때문이었다.

그래도 나는 많은 이들에게 옹기일을 해보자고 했다. 티브이로 운동경기를 보다가도 누가 신통치 못하면 "저놈 데려다 옹기일 시키면 좋겠다"고까지 했다. 특히나 씨름선수 같은 경우엔 그 힘이 참 아까웠다. 그렇게 티브이에다 이런 소리, 저런 소리 해가지고 옹기일을 붙든 사람은 하나도 없지만 그 동안 몇몇은 같이 일을 했다. 그 관계가 서먹해져 불편하기도 하고, "지 신세 망쳤으면 됐지, 주변 사람 신세까지 망쳐놓는다"는 소리까지 들으면서도 사람을 만나면 다시 옹기일을 해보자 했다.

그런데 요즘엔 그 소리가 쏙 들어갔다. 여기저기서 옹기일을 해보겠다고 나서기 때문이다. 그래 이젠 티브이로 운동경기를 보면서 아무리 경기를 잘 못 풀어가도 옹기일 해보자는 소리를 안 한다. 골프 치는 박세리 선수 같은 경우 "와, 저 튼튼한 무시(무)다리로 옹구일 하면 끝내주겠다"고 했을 법한데 그냥 그대로 골프 치는 모습이 좋아 보인다.

사람들이 옹구막에 와서는 "옹기일을 하려면 미술적 재능이 있어야죠?" "그림을 잘 그리든가 공작을 잘 하든가 해야 하죠?" 한다. 아니다. 정말 아니다. 아무나 할 수 있다. 이거 알고 보면 천하에 쉬운 일이다. 이 일은 예술가가 하는 게 아니라 노동자가 하는 일이다. 여우가 하는 일이 아니라 곰이 하는 일이다. 군대 삼 년처럼 어느 정도 시간만 보내면 누구나 저절로 옹구쟁이가 되어 있는 일이다. 미술적 재능이란 것은 일이 힘들 때 '나는 이 일을 잘할 수 있다'라는 자기 암시적 격려는 될지언정 일하고는 상관이 없다.

우리네 표현으로 하면 '개나 걸이나 다 할 수 있는 일'이다. 실제로 우리 집 개는 손내 온 지 얼마 안 됐을 때 꼬리로 이미 옹기를 만들었다. 꼬리가 크고 힘이 좋은 그 개가 처음 손내 와서는 조심성이 없어 몇 번 물건을 망가뜨렸다. 그래 틀어진 걸 바로잡는데 언뜻 보기에 하트 모양 같아 그대로 구웠는데 지 얼굴(개 얼굴) 모양이었다. 이렇게 옹기일은 누구나 쉽게 할 수 있는 일인 것이다. 개도 하는 옹기일을 인간이 못 할 것 없잖은가?

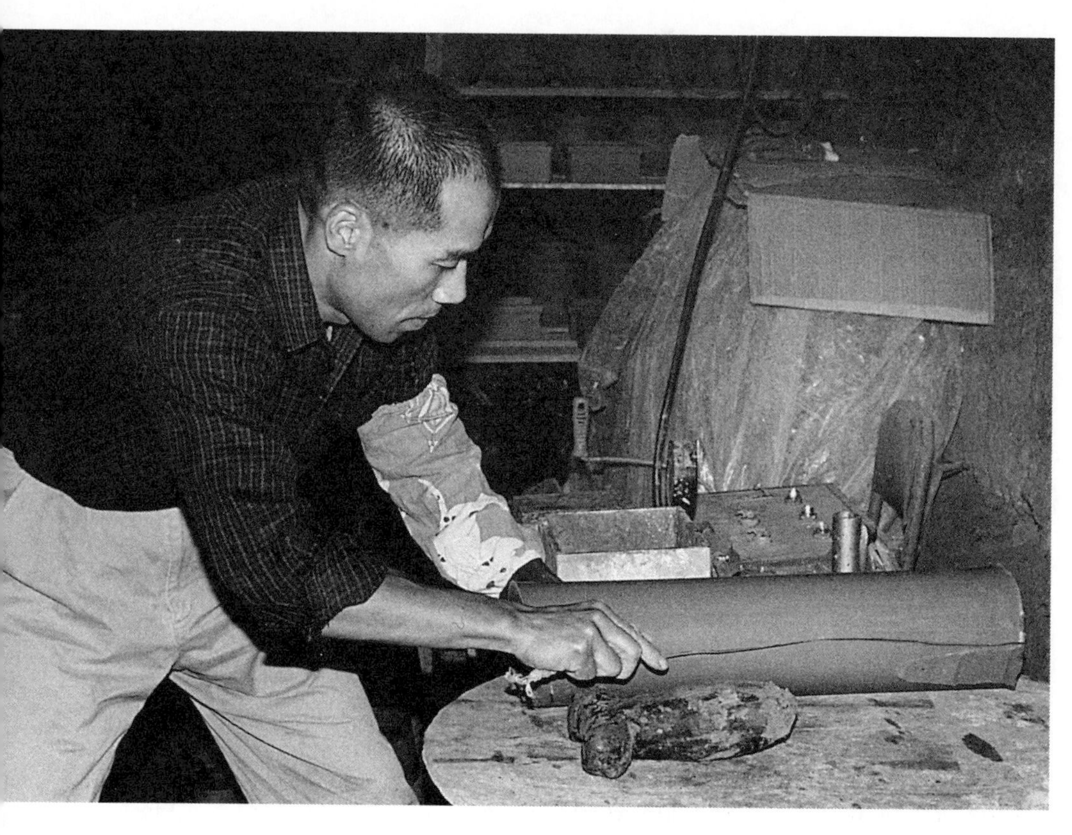

공부 - 함께 살고 함께 일한다

작은 각시덜, 그러니까 쎄컨드하고 써드가 재떨이를 만들어가지고는 물건을 좀 봐달라 한다. 그래 둘째 각시한테는 이미 해본 가락으로 '안다'고 하는 대로 하다 보니 정형화되면서 죽은 물건이 되었다 했다. 그리고 셋째 각시한테는 얼굴 가까이 손바닥을 들이대며 "어째 깝깝하죠?" 하면서 물건이 꼭 그렇게 만들어졌다고 했다. 고인돌처럼 밑돌 놓고 윗돌 얹어놓은 것처럼 밑몸과 윗몸이 따로 놀고 막막하고 답답하다 했다.

손내 온 지 두세 달 된 쎄컨드는 알아먹는데 일주일쯤 된 써드는 뭔 소린지 모르겠다는 표정이다. 그래 어디서 종이컵을 하나 찾아와 봐라 했다. 차 안에서 본 적이 있다며 찾아온 종이컵을 끝부분, 그러니까 '전'이라고도 하고 '싸욱'이라고도 하는 걸 펴보라 했다. "제 몸에서 나아가 말려 형성된 전"을 확인해 보라 했다. 씨앗이 싹을 틔울 때나 고사리 같은 것을 한번 봐라 했다. 제 몸에서 진행되어 머금으면서 정돈된 그 형상은 거기서 끝나버리는 게 아니라 '생명의 진행형'이라 했다.

글쎄, 셋째 각시가 알아먹었는지 모르겠다. 외국에서 오랫동안 도자기 공부를 한 사람이라 이 하찮은 옹구쟁이의 얘기가 궤변으로 들리는 건 아닌지 모르겠다. 물건을 '몸'으로 느껴야 한다고 했다. 머리로 하지 말고. 사람이 물 속에 들어가면서 압박감을 느끼게 되는 그 지점, 그걸 잡아보라고 했다. 담장이란 게 꼭 머리를 넘는 높이가 아니어도 부담 되는 높이가 있는데, 그 지점을 잡아보라고 했다. 어느 선상에서 왠지 부담스러우면 '단'을 한번 줘서 풀고 넘어가라 했다. 그건 머리로 알 수 없으니 알려고도 하지 말고 몸으로 감각화해 보라 했다.

우리에겐 본래 막막하고 아득한 게 없다 했다. 크기와 상관없이 크면 큰 대로 작으면 작은 대로 그지없이 편안하고 그대로 좋기만 한 거라고 했다.

재떨이

재떨이 같지 않은 그 물건을 처음 만들게 된 것은 전주서 처음 옹기전을 할 때였다. 구십오년도였는데 전시 끝나고 시 쓰는 박남준 형이 술집엘 데리고 갔드랬다. (이제 막 생각나는데 도청 옆 이층집이었다.) 그 집 테이블에 있는 양철로 된 재떨이가 눈에 띄길래 '옹기다움'이 담겨 있는 물건이라 내가 좀 갖자 했더니 그 집 사람이 안 된다 한다. 그랬는데 박남준 형이 갑자기 일어서더니 밖에 나갔다 오면서 똑같은 물건을 사다 주는 거였다. 그래 뒤에 똑같은 물건을 흙으로 옮겨 선물을 했다. "모악산방을 위하여."

그 뒤로 누가 옹기일을 해보겠다고 하면 처음 물레일이 서투니까 조형 공부로 그 물건을 시켜본다. 그래 간간이 만들게 되는 물건이다. 지난 옹기전 때 물건은 둘째 각시가 만든 거였다. 옹기일 잡은 지 일주일 만에 그리 만들었으니 '자질이 좋은' 친구다.

내 '짝은 각시' '쎄컨드' '써드' 이러니까 좀 불량스럽다 할 것이다. 손내 오시는 손님들한테 사람 소개하기가 좀 뭐해서 우스갯소리로 "어휴, 각시가 세 개나 돼요. 요게 본각시, 저게 쎄컨드, 그리고 써드"라 했던 게 입에 붙어갖고 그리 말하게 되었다. 사실 '일 배우러 왔다'고 하는 말이 좀 그렇다. 그렇다면 내가 '가르친다'는 것인데, '가르칠 게' 없는 이 일을 어떻게 하나. 그래 저번날 "뭐라 불러야 해요" 하길래 '아저씨'라 부르라 했다. 그래 나는 '현배 아저씨'고 우리는 함께 살고, 함께 일한다. 그러다 보니 한 식구고 둘째 각시고, 셋째 각시인 것이다.

지두화

지두화. 아주 근사한 꽃의 이름일 것 같은 이 단어를 어떤 옹기에 관한 글에서 읽었다. 이게 무슨 소릴까? 하다가 앞뒤 문맥을 다시 살펴 이해할 수 있었다. 한자 실력이 형편없어 옮겨 적지는 못하겠는데 대충 손가락 지, 머리 두, 회화 할 때 화자일 것이다. 즉 손가락 끄트머리로 그리는 그림이라는 뜻이리라.

지금은 손내를 떠났는데 손내의 지킴이로 남아 있던 뒷일꾼 재호양반이 있었다. 재호양반이 그릇에다 그림을 넣자 해서 그럼 그리 해보자 했더니 요상한 그림이 나왔다. 재호양반은 그림 중에 최고는 '꿩벼슬 그림'이라며 흐뭇해하는데 잿물을 다시 입혀 그림을 지웠다. 사실 그림으로 그이를 탓할 수는 없었다. 옹기 몸의 형태가 계란 모양으로 타락하여 옹기 몸과 그림이 따로 놀게 되었으니 말이다. 그리고 아무래도 섭섭해하시는 것 같아 꿩벼슬말고 꿩벼슬 그리기 이전 걸로 해보기를 권해서 그려진 게 구십오년 봄 우진문화공간에 놓였던 꽃준뱅이로 바로 그이 그림이다.

그이는 장수군 산서에서 신창리 옹기점 가깝게 살았는데 논일을 하다가
"잿물통에다 항아리를 빙그르르 돌리는 게 하도 재미나 보이고 신기해서"
열일곱 살의 나이로 옹기일을 붙들었다. 하루 종일 물렛간에 들어앉아 있
는 앞일은 쫀쫀한 일이라며 마당쇠라 불리는 뒷일꾼으로 평생을 살아온
이다. 그 그림이 산이라면 일 배우던 산서에서 허리 펴다 마주쳤던 팔공산
이든지, 손내 살며 오다가다 보게 되는 마이산이었으리라.

어쩌다 그림 그리는 일을 한다면서, 글씨 쓰는 일을 한다면서 옹기 몸을
좀 빌리자 하는데 굳이 거절하는 것은, 그이들이 애써 표현하며 도달하려
는 지점에 재호양반 같은 옹기공들은 무심하게도 이미 도달해 있기 때문
이다.

째즈·째즈옹기

"아으, 째즈를 들으면 나는 째져" 했더니 아내가 어이없어한다. 저녁밥 먹고 독막에 내려가 째즈를 듣노라면 나도 모르게 몸짓이 나는데 뒤따라온 아내와 마주쳐 민망해서 한 소리였다. "아으, 째즈를 들으면 나는 째져." 요즘 아내가 대견해할 정도로 빌딩을 짓겠다고, 그만큼 돈을 많이 벌겠다고 저녁일도 자주 하고 있는데 사실은 혼자서 호젓하게 째즈를 듣고 싶어서다.

요새는 제목 그대로 뜨끈뜨끈한 「핫 자바 째즈(HOT JAVA JAZZ)」를 듣고 있다. 옹기장이한테 어울리지 않게 어찌 그런 음악을 듣느냐 하는데 대답이 군색해서 국제감각을 기르기 위해서라 했다. 이게 꼭 틀린 말만은 아닌 것이 「HOT JAVA JAZZ」는 미국서 보내준 거다. 얼마 전에 손님으로 오신 분이 찬탁 맨 위에 있는 그릇을 관심있게 보면서 무슨 그릇이냐 묻길래 '째즈옹기'라 하였다.

옹기그릇의 선을 정자난자의 정자선으로 풀어서 일을 하다 보니 이게 지

그재그 왔다리갔다리 역동적이다. 그러다 보니 째즈 호흡과 맞아떨어진다. 그 그릇들은 째즈를 듣다가 그 호흡에 맞춰 만든 그릇이라 '째즈옹기'라 한 것이다.

'째즈옹기' 중에 장병처럼 물꼭지를 단 그릇도 있는데 안에 구멍을 안 뚫고 그냥 붙였다. 옛날에 옹기공들이 주인네들한테 꼬장이 나면 심술로 그리 했다 한다. 주인 욕먹이려고 골탕먹이려고 말이다. 오늘날 꼭 이러해야 한다, 저러해야 한다는 거, 그러니까 장병은 꼭 구멍을 뚫고 꼭지를 달아야 한다는 거, 그런 거 없이 일하고 싶다.

이런저런 거에서 벗어나 보면 또 다른 세상이 있더라는 거, 그 세상은 보다 나은 세상일 거라는 거, 이걸 현실도피라고 생각해 왔다. 그래 내 만드는 그릇이 경직된 모습이 많았다.

나의 생각, 나의 의도말고 그냥 그대로 흐름에, 몸짓에 맡겨보는 거, 그럴 수 있는 거, 그건 믿음의 문제리라. 믿 · 습 · 니 · 다—아멘.

불

지난 화요일 지핀 불을 엿새째인 일요일날 마쳤다. 토요일날 큰불이 되니까 지나가던 사람도 불구경한다 들어오고 사진 찍는 사람들도 왔드랬다. 가만 보니 카메라는 불을 열심히 진지하게 찍고 있는데, 불을 때는 나는 카메라를 구경하고 있다. 카메라는 불이 재밌나 본데 나는 카메라가 재밌다.

큰불 끝에 목참을 몇 번 하고 꼬장내를 내고서는 창불을 잡게 되었는데 나는 껌을 씹고 있었다. 불 앞에서 껌을 씹고 있는 스스로를 인식하면서, 손님을 맞이한 창녀가 손님의 행위와 상관없다는 듯이 껌을 씹는 것과 같다고 생각했다. 내가 어쩌다가 불하고 이런 관계가 되었는지 더듬어봤다.

처음 옹기일을 배울 때 가만 보니 불이 제일 문제였다. 마침 가마를 새로 짓게 되었는데 하도 불이 속을 썩이니까 당골네까지 불러 손을 빌었다. 당골네는 손을 빌면서 옹구가 쌀알만큼, 바닷가의 모래알만큼 많이 구워 나오게 해달라 했다. 이렇게 굿을 하는 것이 괜한 짓이 아니라는 게 세상 사람들한테 증명되게 해달라고까지 했다. 그러고 불을 땠는데 엉망이었다.

두번째는 불이 지나쳐 가마마저 주저앉았다. 그러자 다 옹기굴을 떠났다.

혼자 남게 되자 벽돌 남은 걸로 가마를 작게 지었다. 그 가마 이름을 '물부(父, 이물 애비)굴'이라 하고 판자에다 '불 잡는 물' 이렇게 써가지고 가마 봉통 위에 얹었다. 그러고 나서는 드디어 불을 잡았다. 그렇게 속 썩이던 불이 이 애송이한테 잡힌 것이다.

처음부터 이렇게 불을 때려잡듯 하다 보니 이런 일을 하는 사람들이 불에 대한 경외감을 보이는 게 어색했다. 사실 불 앞에서 용감하고 씩씩한 것까지는 좋았지만 별 재미가 없었다. 이번에 카메라의 시각으로 불을 가만 보니 핌불일 때는 검정색이었다가 돋음불에서는 붉은색, 큰불에서는 파란색이 보이다가 창불을 땔 때는 흰색이 보이고, 또 노란색까지 보이는 현백색이 보인다. 오방색 개념의 오행의 원리가 있다. 앞으로는 좀 진지하고 재미나게 불을 때야겠다.

산짐승 사건

손내 사람들은 그 일을 '산짐승 사건'이라 부른다. 가마에 그릇을 넣느라 솔군다고(말린다고) 마당에 나갔다가 해가 떨어져 들여놓았다. 다음날 아침 전쟁터의 아수라장처럼 그릇들이 부서져 있는 것을 보고 "산짐승이 내려온 줄 알았다"는 말에 그 일을 '산짐승 사건'이라 부르게 되었다. 그런데 그건 내가 한 짓이다. 그러니 나는 산짐승이다.

사람들은 옹구막에 오면 "흙은 어디서 나느냐" 하고 영화 「사랑과 영혼」 얘기, 그리고 티브이나 영화에서 봤다면서 "그 아까운 그릇을 막 깨더만요" 하는 소리들을 많이 한다. 참 아깝더라 하면서 깨지 말고 달라는 이도 있고, 그래야 좋은 작품을 얻을 수 있을 거라고도 한다. 이 사람한테는 참 민망한 말씀이다. 좋은 작품 얻자고 가마에서 나오는 놈을 고상하게 깨는 게 아니라 가마에 들어갈 놈을 앞뒤 없이 깨부수는 짐승 짓을 하니 말이다.

십몇 년 전 엿장사를 좀 할 때였다. 엿장수 세계에서는 흔한 일인데 이해하기 어려운 게 있었다. 그것은 하루하루 애써 번 돈을 노름으로 날리고도 다음날 툴툴 털고 일어나 엿판 들고 가윗소리 내며 일을 간다는 거였다. "어떻게 그럴 수가 있을까?" 한편으로는 어이없고, 다르게는 한 자리에서 날리고도 다시 일어나 일을 잡을 수 있는 담담함을 갖고 싶었다.

흙그릇 만드는 일을 통해 여호와 하느님이 노아시대에 물로 세상을 심판한 것은 모든 걸 처음부터 다시 시작하고 싶은 심정에서였을 거라 짐작한다. 그리고 다음번에는 불로 심판하겠다는 말씀을 새겨들을 필요가 있다고 본다. 세상만물은 불을 먹으면 제3의 물질로 되니 말이다. 조물주 입장에서는 대수롭지 않을 수 있으나 우리 인류에게는 참으로 복잡한 문제다. 오늘날 불 먹은 흙그릇을 우리끼리도 법적으로 규제하고 있다. 그러니 함부로 불 먹을 일이 아니다.

시간이 지나 깨진 그릇들을 살피다가 혹시라도 안 깨진 게 눈에 띄면 고맙고 기쁘다. 나도 역시 인간인 모양이다. 그렇게 여러 사람 마음 아프게 하니 나는 나쁜 인간이다. 어서 온전한 옹구쟁이가 되어 그 안에서 이루어진 물건은 어쨌거나 그 자체로 이래도 좋고 저래도 좋았으면 좋겠다. 그리하여 이 옹구쟁이도 이 자체로 이래도 좋고 저래도 좋았으면 좋겠다.

바우단지

손내. 구십삼년도에 손내로 이사왔다. 사월 오일 한식날이었는데 꽤 여러 날 눈이 왔다. 마을회관에다 이삿짐을 두고서 언덕배기 빈집에서 잠을 잤다. 구들장이 꺼져 불이 들지 않았다. 그래 우리 다섯 식구는 죄다 감기를 붙들어야 했다. 그래도 첫째와 둘째는 눈이 온다고 신이 나서 눈싸움도 하고 눈사람도 만들고 했다. 돌도 안 지난 셋째는 찢어진 문으로 바깥세상을 구경해야 했다. 그리고 언젠가는 그걸 담아내리라 했다.

그애는 우리 부부가 옹기일을 하는 기념으로(?) 낳자 해서 징광에서 얻은 셋째인데, 위로 물과 솔이라는 이름을 가졌기에 생기기도 전에 '바우'였다. 그래 계집애인데도 '이바우'가 되었다. 지네 엄마가 일을 해야 했기에 세 살 때부터 새마을 유아원을 다녀야 했다.

그때쯤에 빚어놓은 단지가 있었다. 그걸 이번에 구웠다. 우리는 그걸 '바우단지'라 부른다.

나는 바우를 부를 때 '이바우 선수'라 한다. 왜 '선수'라 하느냐고 묻는데 나도 모르게 그렇게 불러진다. 왠지 대표성을 갖는 게 있어서일 거다. 새해 그 '이바우 선수'가 초등학교 일학년 입학을 한다. 가갸거겨. 가갸거겨.

구십구년 새해 애비 되는 이 옹구쟁이는 '바우단지'를 선수로 이런저런 옹기그릇을 만들란다. 가갸거겨. 가갸거겨.

솥내, 숫내, 손내

우리가 살고 있는 솥내마을을 행정 지명상으로는 정송(鼎松)마을이라 한다. 정천(鼎川)과 송림(松林)이 합해져서 첫 자를 따 정송이 된 거다.

정천(鼎川)은 부락의 혈이 '솥혈'이라 '솥 정(鼎)', '내 천(川)'의 정천이 되었고, 송림(松林)은 옛날에 소나무가 울창하였다 하여 송림이라 불렀다 한다.

옛날에 흙 찾아, 나무 찾아 옹기굴을 형성하던 때에 옹기흙과 나무가 충분한 솥내마을이 옹기점터가 된 것은 자연스러운 일이었을 것이다.

점터의 불 먹은 흙과 사금파리를 보면 우리나라 옹기 역사와 거의 같이했을 것으로 짐작된다. 그런 솥내 옹기굴이 불씨를 꺼뜨리지 않고 이어올 수 있었던 것은 가마터가 솥내의 불무혈에 자리잡았기 때문이라고 어르신네들은 말씀하신다.

한때 이백여 명의 식구가 옹기굴에 딸려 먹고 살았던 것이 이제는 세 가구 십여 명밖에 안 남았고, 그나마 옹기일로는 우리 한 가정뿐이다.

살면서 알게 되었는데 솥혈은 다시 말해 '네 발 달린 솥의 혈'이라 한다. '네 발 달린 솥'이란 옛날 중국의 황제가 아홉 개 주에서 퍼온 흙을 담아놓은 것으로, 그는 아침에 눈 뜨면 손으로 쓰다듬으며 아홉 개 주를 잘 다스리겠노라 다짐했다 한다.

그랬던 것이 왜정시대 때 정천(鼎川)이 되었다. 옹기일이 시들해지자 솥〔鼎〕에 따뜻한 밥이 있어 배부르게 먹지만 솥 밑으로 물〔川〕이 흐르니 떠나야 하는 것으로 되었다. 그래 남아 있는 게 못난 일이 되었고 소릿글로 숫내, 손내라 하기도 한다.

그렇게 몸 떠나, 마음 떠나 다르게들 사시지만 그이들의 손에는 분명 옹기가 있다. 그래 언젠가는 그 손을 빌려 아주 미약한 불씨로 남은 손내 옹기굴이 기어이 큰불로 되살아나기를 바라는 마음에서 '손내'라 하게 되었다.

옹기골의 '풍'자 내력

지금은 고인이 된 '김풍'이라 불리는 옹기공이 있었다. 다들 '김풍' '김풍' 해싸서 그렇게만 알고 있었다. 하루는 관청에서 '김정수 귀하'라고 씌어 진 우편물이 왔는데, 주인을 찾아주다가 본이름이 따로 있다는 걸 알았다. 그 양반말고도 '풍'자 들어가는 이름이 더 있는데, 심하게는 이제 막 말을 꺼내는 면전에 대고 아예 "이번엔 몇 미리여?" 하며, 또 무슨 포를 떨려고 하느냐고 하기도 한다. 옹기공들이 대개 '풍' '포' '뻥'이 심하다는 얘기다.

가만 보면 옹기공들에게는 뜨내기 기질이 있다. 아마 흙 찾아 나무 찾아 굴을 묻고 점을 차렸던 것에서부터 가을일까지 하고 옹기를 팔러 여기저 기 다닌 습관에서 온 거 같다. 아무 데나 가서 다짜고짜 일하자고 할 수 있 는 것도, 또 그렇게 일을 붙이는 것도 다 당연하게 받아들인다. 그러다 보 니 무슨 말을 할 때 좀 부풀리게 되었나 보다. 장가를 두 번 가고 세 번도 갈 수 있었다 하니 다른 얘기야 오죽했겠는가.

우리가 사는 집 오르막길에 조대가마가 있었다 한다. 가마가 없어진 지 한 이십 년 되었다는데 그때라면 그래도 옹기 시세가 괜찮았던 시절이라 왜 그만뒀는지 궁금했다. 그래 그때 점주 노릇을 했던 양반이 집에 오셨길래 물어봤더니 "옹기쟁이 하나 데리고 일하느니 차라리 농사꾼 열을 데리고 일하는 게 낫겠더라" 하시는 거였다.

이런 걸 보면 우리가 물건 가지고 그 물건을 만든 사람을 판단하려 한다는 게, 물건과 그 사람을 동일시한다는 게 얼마나 어이없나 싶다. 왜냐하면 이런저런 인격하고 상관없이 옹기는 우리나라 수천 년 도자기 역사를 유일하게 이어온 물건이고 옹기쟁이가 바로 그 장본인이니까. 상황에 따라 말을 좀 달리하기도 하고 부풀려 얘기한다 하나 옹기쟁이야 옹기그릇을 만드는 게 일이고 그릇은 저 스스로 품격을 갖추니 말이다.

돌아오는 봄에 그이들을 한 자리에 모셔볼 작정이다. 꽃 피고 새 울 때, 마이산 탐사 찾아가는 길에 왕벚꽃이 흐드러지게 필 때, 그 바람 풍자 항렬하고 "몇 미리여?" 하는 포자 항렬의 옹기공들을 다시 손내로 모셔볼 작정이다. 얼마 전에 신문마다 북조선에서 노동 1혼가 뭔가 하는 미사일 실험 발사를 한다고 주목하던데, 꽃 피고 새 울 때는 솥내마을의 손내 사람들을 주목해야 할 거다. 굉장한 바람이, 포가, 뻥하고 문화적으로다가 위력을 발휘할 테니까. 백범 김구 선생께서 원하셨던 무한한 문화의 힘을 이제껏 하찮게 여겼던 옹기공들을 통해 느낄 수 있을 테니까.

옹구막 사장님

말을 하나 바꿔야겠다. 그것은 내가 옹기공부를 "옹기쟁이한테 못 하고 말쟁이한테 했다"는 말이다. 그리고 무형문화재 기능보유자 지정이 잘못 되었다 하면서 "그이는 옹기그릇을 만드는 장이가 아니라 사장 노릇을 하던 이"라는 말이다.

옹기일을 하면서 어디까지가 옹기장이인지 생각해 보니 물렛간에 앉아서 그릇을 빚는 앞일꾼만이 아니다. 그 일이 전부처럼 보이지만 옹기일은 그렇게 작은 일도 만만한 일도 아니다.

옛날에 옹구막 사장이면 그 지역에서 유지 노릇을 했다. 질흙을 파와서 이기고 치대어 그릇을 빚어 말리고 구워서 팔아 그게 돈으로 다시 돌아오기까지의 기간이 길어 자금력이 좋아야 했고, 까실한 성격의 옹기장이들을 모아 일을 하려면 남다른 능력까지 가져야 했다. 사실 앞일꾼 출신이 사장 노릇을 하게 된 것은 얼마 되지 않았다.

옹기일이 쇠퇴하자 '진짜 사장님'들이 손을 떼면서 일을 좀 안다는 앞일꾼이 몇몇을 데리고 가족 단위 규모로 작업장을 임대하여 '사장님'이 되었던 것이다.

오늘날 옹기일의 형편이 궁색해진 것이 생활구조가 변해서니, 값싼 플라스틱이 범람해서니, 옹기일을 안 하려고 해싸서니…… 하는데 다 맞는 얘기이기는 하나, 내 보기에는 '제대로 된 옹구막 사장님의 부재'도 아주 큰 이유다.

웃자고 한 소리인데 옹기일을 막 붙들었을 때, "내 옹구막 사장님이 되면 빽구두 신고 읍내 다방 출입하여, 차(茶)는 꼭 쌍화차만, 그것도 달걀 노른자를 띄워 마시고, '김양아' 엉덩이에다 수작도 걸어볼란다"고 했었다. 어느덧 팔 년 세월이 흘렀지만 읍내 다방 가야 이 사람을 알아봐주는 '김양아'도 없고, 더군다나 쌍화차는 어림없다. 다만 지난 봄 옹기전 때 시 쓰신다는 여자분께서 "쌍화차 한 잔 하자"는 말에 감격하여 쌍화차를 맛본 적은 있다.

저번날 어떤 이가 옹기일을 배워보겠다고 하길래 내 보기에는 옹기일이 여기서부터 저기까지이니 사장 노릇을 해보는 것도 좋을 거라 했다. 그리고 여기저기다 '옹구막 사장님' 좀 구해달라 하기도 했다. 빽구두 신고 읍내 다방 가서 김양아 손목 잡고 쌍화차를 마신다는 것은 신나는 일이지만 허울 좋은 사장이 아니라 진짜 옹구막 사장님으로는 내 어림없는 줄 알기에 '진짜 옹구막 사장님의 출현'을 기대하고 있는 것이다.

옹기는 그냥 가만히 있을 뿐

나는 물건을 만드는 사람으로 때로는 무엇을 만들어야 할지 몰라 멍할 때가 많다. 태초에 여호와 하느님이 천지만물을 만들어 놓고 당신 스스로 만족해하신데다가 이천 년 전 예수 그리스도가 십자가에서 이를 다시 확인한 마당에 뭘 만든다는 것은 참으로 조심스럽고 두려운 일이다. 그래 내가 하는 소리가 먼저 원형을 회복하자고 한다. 원형을 회복해 놓고 보면 바람 든 풍선이 여기 밀면 저기가 튀어나오듯 뭔지 모를 쏠림이 생길 때 그 쏠림에 맡겨보면 뭔가 구실이 생긴다.

옹기그릇을 두고 '숨쉬는 그릇'이라 한다. 손님들께서도 이거 숨쉬는 거냐고들 묻는다. 엄밀히 말하면 옹기그릇이 숨쉬는 게 아니다. 옹기그릇에 담긴 게 숨을 쉰다. 옹기는 그냥 가만히 있을 뿐이다. 다만 안에 담긴 게 숨을 쉴 때 옹기의 자격으로 물이 새는 걸 막으면서 공기를 소통케 할 뿐이다. 무조건 옹기그릇에다 담아두면 죽은 자식도 살아나는 영험한 그릇이 아닌 것이다. 그릇에 담긴 것이 자기 본성으로, 자기 싹수로 나아질 놈 나아지고 살아날 놈 살아나고 그런 것이다.

이렇게 그릇은 만드는 사람이나 그렇게 만들어진 그릇이나 별로 할 일이 없다. 그냥 가만히 있을 뿐이다. 그냥 가만히 있으면 된다. 만사 흐름이, 시간의 소통이 뭔가 되게 한다.

나는 오늘날 그릇의 가장 큰 문제점이 소통의 단절구조라 생각한다. 삶을 아는(살앎) 사람이나, 그 사람을 사람과 사람 사이라는 뜻의 인간(人間)이라 하는 것은 여기서 저기까지만이 아닌 것이다. 그러니 그릇을 어디와 어디 사이, 이것과 저것 사이, 사람과 사람 사이에 가만 놔둘 생각이면 무엇을 만들 것인가 하는 문제가 쉽게 풀려지리라.

전문가

어디서 '편짓글'을 좀 써달라는 부탁에 딱 한 번만 쓰기로 하고 편짓글을 썼다. 그러고는 잊고 있었기에 '원고료'로 온 것이 공돈이 되었다. 그래 그 '공돈'을 두고 생각이 많아졌다.

그러다 아내에게 이참에 전문가가 쓰는 '만년필'을 하나 장만하면 어떻겠냐 했더니 어이없어하다가 하고 싶은 대로 하라 한다. 전문가용 만년필로 쓰면 '글발'이 더 좋아질 거 아니냐고, 폼도 나지 않겠느냐고 혼자소리로 한 마디 더 했다.

저번 장날에는 장구경 갔다가 공구 파는 난전을 구경했다. 펜치 중에 좀 이상한 모양이 있어 "저건 왜 모양이 좀 다르냐?" 물었더니 그건 전기공사 하는 사람들이 쓰는 전문가용이라 한다. 그래 그걸 샀다. 집에 벌써 펜치가 서너 개 되는데 '전문가용'이라는 말에 덥석 샀다. 그러고는 까만 비닐봉지에 싸서 나만 아는 공간에다 감춰뒀다(또 혼날까봐). 무엇이든 전문가용에 땡기는 걸 보면 나한테 '뭔가'가 있나 보다.

서울 '핸드 앤 마인드'라는 공예전문 화랑의 관장에게서 전화가 왔다. 함께 일해보자는 말에 길게 통화를 했는데 손내옹기가 모던해서 좋다는 얘기가 있었다. 그 말말고도 어려운 말이 더 있었다. 다행히 신문을 읽을 때 한자를 몰라도 문맥으로 읽을 수 있듯이 얘기는 잘 주고받았다. 전화 끊고 아내에게 어려운 말이 있었는데 아무래도 '미술 전문용어'인 거 같다 하면서 그 중에 잊어먹지 않은 '모던'에 대해 물었다가 또 '무식이' 소리를 들었다. "그래, 나 무식하다!" "니 서방 무식해서 좋겠다!" 하며 함께 웃었다. 아내는 나한테 "옹기 전문가로서 옹기그릇만 생각하고, 어떻게 하면 더 좋은 그릇을 만들까" 그 연구만 하라 하는데, 나는 엉뚱한 곳에서 찾고 있다.

이번에 갤러리 '마루'에서 새로 만들어본 바우단지랑 양식을 담을 수 있는 그릇들을 선보였는데 핸드 앤 마인드 전관장께 진짜 좋은 말을 공부했다. "가격을 참 겸손하게 먹이셨네요."
나는 촬영관계로 이레 동안 함께 지내온 임피디가 손내 물건이 비싸다고 할 때 별 대꾸를 못하다가 당당하게 말했다. "거봐요. 전문가가 겸손한 가격이라 하잖아요" 하며 "내가 조금 무식하긴 하지만 참 겸손한 옹기쟁이라는 얘기가 아니겠냐"고도 했다. 용감하게.

'물'과 도랑사구, 그 이름에 얽힌 사연

아들놈 앞으로 편지가 왔는데, 내용 중에 "근데 니 이름이 왜 '물'이니?"라고 묻는 게 있다. 아들놈 답장 쓰는 걸 보니 "그럼 니 이름은 왜 ○○이니?"라 한다. 그 동안 그런 질문을 많이 받았을 텐데 매번 당혹스럽고 이제껏 좋게 대답을 못 했나 보다. 이 애비가 지어준 이름이니 내 설명해 줘야겠다.

무진장(무주군, 진안군, 장수군)의 가운데쯤 되는 장계에서 낳고 자란 나는 가슴속에 뭔지 모를 것이 들어 있었다. 이놈을 내뱉어보자 하면 공허하고 가만 앉혀보자면 답답했다.

둑 아래 살아 뛰쳐나가 둑 위에 올라서면 트임이라는 게 바로 앞 냇가에서 흐르는 물과 방송용 수신탑의 깜박이는 전등불이었다. 그러나 방송용 전등불은 비행기 충돌 방지용이라 불이 들어왔다 나갔다 하는 깜박임이 사람 약올리는 것 같아 싫었다.

그래 하루는 그걸 깨뜨리겠다고 철조망을 넘고 넘어 가깝게 접근했다. 그러다 어려서부터 그 철탑에서 페인트칠 하다가 혹은 전구를 갈려다가 여럿 죽었다는 전설 같은 얘기를 들어왔기에 겁이 나 돌아섰다.

그래 내게는 '물'만이 의미를 갖게 되었다. 그 물이 어디서 시작되어 어디로 흐르는지 궁금했고 언젠가는 그 물길을 함께 해보겠노라고도 했다. 장수군과 진안군 사이에 있는 팔공산이 장수 쪽에서 금강을 발원하고 진안 쪽에서 섬진강을 발원한다는 것을 알면서는 그 산 가까이서 살아야겠다고도 했다. 그래 첫애를 가졌을 때 이미 '물'이라는 이름이 지어졌고, 그릇 중에 물을 담을 수 있는 그릇은 각별하게 되었다.

이름

시대로 팔십년대, 나이로 이십대 때, 나는 이 세상에 부끄러워했다. 그 '부끄러운 이야기'는 "이름 없이 핀 들꽃의 아름다움을 알면서도 나는 이현배입니다"라는 이야기였다. 그래도 나는 이현배니까 이현배라 얘기하고 그게 그렇게 부끄럽고 그래도 나는 이현배니까 이현배라 얘기하고 그게 그렇게 부끄럽고…… 그랬다. 이름을 바꿔볼 궁리까지 했다가 부끄러운 게 이름 때문이 아니라 '산다는 거' 때문임을 알기에 관뒀다.

구십년대, 나이로 삼십대, 옹기장이가 되어 숨바꼭질할 때 장독 뒤에 숨듯이 옹기장이 이현배가 되었다. 옹기장이 뒤에 엎드려 있자면 어머니 등처럼 안락하고 이현배로 살짝 세상 구경을 하는 게 재미나다. 어디 소개될 때 우대해 준다고 '도예가'라 해주기도 하고 '사장'이라 해주기도 하는데 나는 싫다. 옹기장이 이현배가 좋다. 어떤 인터뷰에서 왜 스스로 옹기장이라 하느냐는 질문을 받은 적이 있었다. 나는 나의 자격이 그러하니까, 옹기장이니까 그렇다 했다.

옹기장이로 이현배는 이름하는 걸 좋아한다. 새 그릇을 만들면 무어라 이름할까가 큰 즐거움이다. 아이가 셋인데 부모님께 죄송하고 아내에게 미안했지만 내가 이름하였다.

이름의 반대말은 다름일 것이다. 이름이 '그냥' '그대로'인 반면 다름은 '왜'고 '아니'기 때문이다. 참으로 아름다운 이름은 말 그대로 그냥, 그대로다. 성서에서 여호와 하느님이 천지만물을 창조했던 창세기가 그렇다. 천지만물을 '그냥' 만들고 '그대로' 이름하면 만족스럽게 된 것이다. 인류의 조상 아담에게 이름하게 했을 때는 아담이 모든 생물을 무엇이라고 부르든지 그것이 이름이 되었다. 이 모든 게 완전한 세상, 완전한 이름의 아름다운 시절 이야기다. 그러다 본래 하나의 이름이었던 선악과를 따먹으면서부터 선은 선, 악은 악의 다름이 되면서 부끄러워했던 것이다.

물렛간에서 그릇을 빚는 이현배를 보면 분명 괜찮은 옹기장이다. 그러나 두려운 것은 옹기장이라는 이름으로 이현배가 '다름'이 되면 어떡하나 하는 것이다.

나는 아직 행복한 사람 못 봤어

흙 장만을 이렇게(황산질 두 삼태기, 삼포질 한 삼태기, 감곡질 두 삼태기) 하
고 보니 모래끼가 대단하다.

크기가 되가웃되게 빚어놓으니
삼시 세 끼는 족히 먹을 수 있겠다.
"스님! 여기다 밥을 먹는 게 좋을까요
차〔茶〕를 마시는 게 좋을까요?"
"아니, 누가 이걸 써. 금고에다 모셔놓지."
"그럼 밥을 담아 먹는 사람이 행복한 거예요?
금고에다 모셔놓는 사람이 행복한 거예요?"
"몰라! 나는 아직 행복한 사람 못 봤어!"

2부

아빠는 옹기쟁이, 아들은 고집쟁이

길어지지 않는 화장지

나의 바람 중에 하나는 전용변소를 갖는 것이다. 그게 큰 사치라는 것을 알면서도 남 몰래 그런 꿈을 키워온 것은 아내의 극심한 사전검열 때문이다. 나의 버릇 중에 변소에 가면 뭐든 읽을거리가 있어야 정서적으로 안정되는 게 있다. 아내 입장에서 보면 순서를 기다릴 때 답답한 것도 있고 결코 좋은 습관이 아니라는 거다. 이 버릇은 늦게 생긴 거다.

재수를 하던 시절인데 그때 주로 남산도서관과 서울역 앞에 있는 대일학원을 오가며 공부했었다. 하루는 남산도서관을 나서는데 막 일어서면서부터 아랫배가 거북했다. 대단치 않아 그냥 나섰는데 계단을 내려오면서부터 심각해지기 시작했다. 어떻게 어떻게 해갖고 간신히 학원엘 도착했지만 변소 앞에는 이미 여러 명이 줄을 서 기다리고 있었다. 같은 식으로 어떻게 어떻게 해갖고 간신히 순서를 타갖고는 길게 한 번 힘을 쓰고서 안도의 한숨을 쉬는데 바로 코 앞에 이런 글귀가 써 있는 거였다. "당신이 힘을 주고 있는 이 순간에도 경쟁자의 책장은 넘어가고 있습니다." 나는 깜짝 놀라 책을 꺼내 책장을 넘기기 시작했다.

내가 아내에게 늘 당하기만 하고 사는 것은 아니다. 나도 소위 사전검열이란 것을 한다. 그것은 화장지를 쓰는 대목에서다. 나는 보통 서너 마디로 해결하는데 아내는 열두 마디에서 이쪽저쪽이다. 이 대목에서는 우리가 어떻게 부부가 되었을까 싶을 정도로 너무 다르다. 그것은 서로 자라온 환경과 공부 방법, 그리고 이념의 차이까지를 보여준다. 그러면서 여러 해를 같이 살다 보니 아내의 화장지가 조금씩 짧아지고 있다. 문제는 나의 화장지가 길어지지 않는다는 거다. 나의 심보 중에 뭘 간신히 하면서 스릴 같은 걸 즐기는 게 있다. 이게 나한테는 재밌지만 곁에서 지켜보는 사람은 조마조마한 모양이다.

이제는 생활의 모든 부분에서 확대의 필요성을 느낀다. 뭐든 충분한 상황에서도 나 자신을 추스를 줄도 알아야겠다는 생각이 든다. 다만 그렇게 결심하고 실천하자니 환경문제가 걸린다. 아직까지는 이러지도 저러지도 못하고 있다.

이사오던 날

지금 살고 있는 솥내마을로 이사를 오던 날이었다. 이사하는 걸 도와주고 돌아가던 친구가 우리를 두고 가자니 딱한 마음에 눈물이 났다 한다. 그때가 구십삼년도였다. 사월 오일 한식날이었는데 꽤 여러 날 눈이 오고 추웠다. 이삿짐을 마을회관에다 두고 언덕빼기 빈집에서 잠을 잤는데 그게 인연이 되어 그 빈집을 쌀 서 가마 되가웃 주고 샀다. 나는 주위에다가 '내 집 마련'을 실현했노라 호기를 부렸다.

용만이 형!
그렇게 살 거 없어

나 봐
'내 집 마련'을 실현했잖아

쌀
서 가마 되가웃 줬어

아 좀 허름하면 어때

내집인데

내집이라고

내집

이게

사람 사는 거 아냐

전화도 놨어

32-7768

근사하지?

나의 어거지에 짠한 놈이 셋째 바우였다. 막내로 돌도 안 지났기에 찢어진
문틈으로 바깥세상을 구경해야 했다. 나는 그 아이가 커서 자기 일을 하게
되면 '바우하우스'라는 자기 공간, 자기 영역을 갖길 바라고 있다. 그게 그
아이에게 보람이 되고 의미가 될 때, 옹기일을 말리다가 끝내 고집을 부리
며 식구들을 데리고 서울에서 전남 벌교로, 전남 벌교에서 경북 문경으로,
경북 문경에서 지금의 전북 진안으로 먼 거리 이사를 하는 내게 "지 신세

망쳤으면 됐지 새끼들 신세까지 망쳐놓는다"고 하신 아버님 말씀에서 어느 정도 비켜설 수 있을 거 같다.

그래도 내 옹기장이가 되어 가장 큰 기쁨은 좋은 사람들을 만나게 되었다는 것이다. 내 인생에서 만나야 했던 사람들을 만나게 되었고, 도시락 싸들고 몇십 년 쫓아다녀야 겨우 이루어질 둥 말 둥한 만남이 저절로 이루어지게 되었다는 것이다. 그 중에 오봉할아버지라 불리는 조상행 선생께서는 이런 말씀을 해주셨다. "행복한 삶이란 자기가 하고 있는 일과 할 수 있는 일, 그리고 해야 할 일이 일치하는 것이다." 이 말씀을 늘 간직하고 일을 조율하며 살고 있다.

요즘 세상 사는 형편이 대부분 얽매이는 일로 돈을 벌어 그 돈으로 재미를 사서 균형감각을 가지려 하는데, 나 같은 경우 일 자체가 재미있으니 돈벌이가 적은 게 별로 억울하거나 아쉬운 일이 아니다. 돈이 더 벌리면 덤으로 이루어지는 것이니 일이 더 재미나다. 기왕지사 옹기그릇 만드는 옹기장이가 되었으니 '괜찮은 옹기장이'가 되었으면 더 좋겠다.

물이 있으니 물이 흐른다

모처럼 읍내 모임에 갔다가 만화책을 보게 되었다. 이현세씨의 『백기사』
란 책인데, 그 자리에 4권까지만 있어 거기까지 보고 왔다. 그런데 여러
날 정서가 불안해 읍내 나갈 구실을 찾았는데 그게 도대체 여의치 않았다.
안 되겠다 싶어 아내에게 사실대로 말하고 "만화방엘 좀 다녀와야겠다"고
했다. 아내는 어이없어하더니 "같이 가자"고 한다. 그래 우리 부부는 읍내
로 나갔다.

놀랍게도 아내는 만화방엘 태어나서 처음 와보는 거라 한다. 내가 다니는
'공간만화방'이 이층에 있어 좁고 가파른 계단을 올라가야 하는데, 음침
하다 보니 아무래도 그 길에 익숙한 내가 손을 잡고 앞서 이끌게 되었다.
그러자니 불량학생이 순진한 여학생 타락시키는 형상이 되고 말았다. 그
게 어색해서 나는 이렇게 말했다. "당신 시집 잘 온 거야. 당신 서방이 문
화성향이라 우리가 이렇게 문화공간을 찾아 문화의 시간을 가지는 게 아
니겠어?"

사실 이 인간이 어떤 사람인고 하면……, 아내와 연애하면서 두 번째 만났을 때 아내의 제의로 극장엘 가 영화를 본 일이 있었다. 제목도 훨씬 나중에 외워진 「아웃 오브 아프리카」란 영화였다. 아내는 이미 봤던 것을 감명 깊게 본 영화라 그 감명을 공유하고 싶었던 모양이다. 그런데 나는 조금 보다가 그만 자고 말았다.

그 뒤로도 꿈 많은 여대생, 교양 있는 미대생은 전람회니 음악공연이니 했지만 나는 몸은 함께하면서도 번번이 은혜가 충만하여 저 세상 사람이 되곤 했다. 그리고 혼자가 되니 따로 용산역 광장 시계탑 가까이 있는 '시계탑만화방'에 가서 문화적 욕구를 충족시켜야 했다. 비유하자면 "어떤 처자가 데이트할 때는 분위기 있는 레스토랑에서 근사하게 나이프, 포크질을 하다가는 집에 가서 김치국물에다 식은밥을 말아 먹더라"는 식이었다.

내가 크게 붙들고 사는 문구가 있는데 "꽃이 되는 기쁨보다 길이 되어 숨지리라"는 말이다. 고백하건대 이 근사한 문구는 초등학생 때인가 중학생 때인가 만화책에서 얻은 것이다. 요즘에야 일러스트다, 애니메이션이다 하는 고급스럽고 세련된(?) 표현까지 써가며 부추기는 만화지만, 내 어릴 때는 공부 못하고 불량스런 학생들하고 그렇고 그런 사이로 취급했었으니 세상이 변해도 많이 변했다 할 것이다.

꽃이 되는 기쁨보다 길이 되어 숨지리라. 중학교 2학년 말부터 내 스스로 다짐이 되어 부단히 길을 찾아 떠나게 되었다. 흙일로 농사를 소망했던 게 초콜릿맨(Chocolate Man)이 되어 호텔에서 초콜릿 만드는 일을 하게 되면서 더 방황해야 했다. 쉬는 날이면 여행을 하던 그때, 짧은 일정으로 자주 찾던 강화도에 갔다가 마니산에 올랐다. 정상까지 갔다가 갔던 길 되돌아오기 싫어 꼴깍 넘어가는데 아가씨 두 명이 길가에 앉아서 쉬고 있었다. 그들 앞을 막 지나가는데 "아저씨, 길이 없어요" 한다. 혼자말로 '사람 가는데 길이 왜 없어요' 하며 계속 가다 보니 돌밭이 나왔다. 그 아가씨들이 돌밭에서 길을 못 찾은 모양이었다. 그냥 그대로 길을 찾아가니까 아가씨들이 큰 소리로 묻는다. "아저씨, 길 있어요?"라고. "네, 있어요" 했더니 "잠깐만 기다려 주세요. 같이 가요" 한다. 그래 길벗이 되었다.

그 며칠 뒤 흙일로 조소공부를 붙들었다. 삼 년 공부 끝에 낭패를 보고 이 년 쉬었다가 다시 흙일로 붙든 게 옹기일이었다. 옹기일을 붙들고서 얼마 지나지 않아서였다. 열이면 아홉이 옹기일을 말렸는데 마니산에서 길이 있냐고 물었던 그 길벗에게 낮은 목소리로 편지를 썼다. "남들은 옹기 일에 길이 없다 하는데 내가 보기에는 아주 굉장한 길이 있는 것이 느껴진다" 했다. 그리고 오 개월쯤 되었을 때 '그 길'을 봤고 삼 년쯤 되었을 땐 '그 길'에 들어설 수 있었다. 그때쯤, 그러니까 옹기공부가 끝나갈 때쯤 옹기 사부는 내게 이런 당부를 하셨다. "가지로 가서 꽃피우지 말고 본대를 지켜라", 그리고 "너 같은 놈 하나 만들어라" 하셨다.

구십사년이었던가? 시사저널 김훈 선생께서 인터뷰 도중 취재수첩을 팍 내팽개치더니 "이 친구, 도 닦고 앉았구먼" 한다. 도(道)?

다음해 첫날, 그러니까 구십오년 일월 일일, 진안군 주천면 무릉리엘 가족들과 함께 다녀오는 길이었다. 처음 길이라 돌아오면서 다른 길도 알고 싶다는 생각에 갔던 길말고 다른 길로 들어서 다리를 건너는데 왠지 낯설지 않았다. 가만히 생각해 보니 고등학교 이학년 때 가출해서는 이른새벽 터벅터벅 걸었던, 다리를 새로 놓고 오색 테이프를 걸쳐놓았던 그 다리, 그 길이었다. 그때 장난기로 오색 테이프를 걷어와 버렸기에 혼자 웃음이 나왔다. 나는 김훈 선생께 편지를 썼다.

왠지
낯설지 않은 길
그렇습니다.
저에게 예정된 길이었나 봅니다.
당신께서
"도(道) 닦고 앉았구먼" 하셨던
그 길(道)에
내가
확연히 들어섰음을 알았습니다.
오늘.

집안의 종손 되는 사촌형님께서 아버지 비문을 새기면서 아들 '물'이에게 도영(道永)이란 이름을 지어주었다. 내가 어려서 살던 집 앞으로 흐르는 물길이 궁금했던지라 아들놈을 '물'이라 이름지어 불렀는데 아버지께서 영 못마땅해하셨다. 사촌형님께서 그 마음을 헤아려 한자로 '道永'이라 지어 새기고서 그 옆에다 한글로 '물'이라고도 새겨 아버지와 내가 서로 보기 좋게 해두었다.

그제 밤, 스승님께서 "물이 왜 흐르는지 아느냐" 물으시더니 "물이 있으니까 흐르는 거다"라며 가르침을 주셨다. 어제 아들놈과 삼십 리 길을 함께 걸으며 내 똑같이 물었다. "물아! 물이 왜 흐르는지 아니?" 그리고 똑같이 말해줬다. "물이 있으니까 흐르는 거란다."(오늘 길[道]을 찾아 꼭 삼십 년을 살아오신 할아버지 말씀을 듣자니 나도 모르게 눈물이 핑 돌았다. 이 인간, 대충대충, 건성건성, 교과서 밖 만화책을 붙들고서 여기까지 온 것이 지나고 보니 참으로 아슬아슬했기에 안도의 눈물이요, 그런 인간을 기꺼이 여기까지 인도해 주신 하늘님께 감사한 감사의 눈물이었으리라.)

아랫집 개가 내 노래를 비웃을지라도

학창시절 얘기다. 내가 노래를 하면 아랫집 개가 짖었다. 그리고 아래, 윗집 애들이 내가 노래하는 것 때문에 상급학교 진학률이 신통치 못했다 한다. 뭔가 산다는 게 답답증이 나고 하고 싶은 일을 할 수 없다는 것이 억울했기에 세상을 거꾸로 살기로 작정했다. 그래 음악을 붙들었다. 어려서부터 '노래'라 하면 무조건 싫었고 억지로라도 노래를 하게 되면 코미디가 되고 말았다.

일단 목을 틔워야겠다고 생각되어 무슨 노래든지 악을 써대며 불렀다. 그게 아랫집 개가 듣기에도 거슬렸던 모양이다. 그렇게 이 년을 하고 판소리하는 한승호 선생님을 찾아갔다. 선생님께서는 목은 그만하면 됐다 하시면서 이 공부가 고단한 것이니 중간에 그만둘 거면 아예 시작을 말자 하셨다. 나는 "선생님이 포기하시기 전에 제가 먼저 포기하는 일은 없을 겁니다" 했다. 그러다 결국 두 달도 못 되어 선생님께서 포기하고 말았다. 그래 나도 음악을 놔버렸다.

몇 년 지나 벌교 살 때 돈이 참 궁할 때였는데 장날 읍내 나갔다가 음반가게가 눈에 띄길래 조용필씨 음반을 1집에서 10집까지 샀다. 아내는 어이없어했다. 고장난 오디오에 무용지물을 돈 귀할 때 덜컥 사왔으니 그럴 만도 했다.

지난 겨울 음악활동을 하는 이승희 선생이 오셨다. 이승희 선생은 음악을 즐겨보라 권했다. 그래 클래식과 대중음악에 대해 물었고 대중음악으로는 팝송 같은 경우 어디서부터 시작하는 게 좋겠느냐고 권해달라 했더니 '마이클 잭슨'의 노래를 권하는 거였다.

얼마 전이었다. 손님으로 왔는데 록음악을 하는 이였다. 우리 대중가요를 외면했었는데 어느 날 조용필씨의 「한오백년」을 들었는데 바로 당신이 지향하던 그 지점에 조용필씨 노래가 들어서 있더라는 것이다. 그래 내가 몇 년 전 조용필씨 음반 구한 얘기를 했더니 고장난 오디오를 손보고는 먼지 쌓인 음반을 뜯어 노래를 들었다. 대화 중에 입 근처에 점 있는 이들이 예인 기질이 있더라 하길래 그림 그리는 임근우 선생이 생각나 카탈로그를 찾아 점을 확인했다. 그리고 저번날 임근우 선생이 선물로 준 꽃차를 우려 향을 더하니 노래가 더 좋았다. 좋다. 참 좋다. 그러다 다시 오디오가 고장났다.

그리고 며칠 후 이번엔 오디오 전문가인 송선생이 오셨다. 기계 구성까지 배려해 줘 더욱 좋은 소리로 들었다. 밤이고 낮이고 틀어놓으니 아내는 눈꼴시럽다 한다. 나는 이리 말했다. "이렇게 듣기만 해도 좋은데 왜 굳이 가수(?)가 되려 했을까. 그게 안 되겠다 싶을 때 모든 문을 다 닫아버렸으니 내 미련했다"고.

아들과 아버지

저번날 이웃에서 소리꾼 장사익씨 전주 공연에 같이 가자 하는데 안 갔다. 나는 그이가 부르는 「찔레꽃」을 들으면 아들놈이 생각나 눈물이 난다. 옹기공부를 하겠다고 서울 살던 놈을 전남 벌교의 산골짜기 막다른 마을로 데리고 갔드랬다. 혼자 놀기가 심심했던지 가끔 팔구백 미터 가까이 되는 산길을 서너 살의 걸음으로 내가 일하는 곳까지 찾아오곤 해서 어른들을 놀래켰다.

그 길의 중간쯤에 크게 꼬부라진 길에 길게 누운 바위가 있었다. 그 바위에 줄기 찔레가 있었다. 참 아름다운 꽃이었다. 내 보기에는 그랬다. 물이한테는 어떠했을까. 그 생각을 하면 마음이 아프다. 그래 장사익씨가 노래하는 「찔레꽃」을 들으면 그 자리에 그 아이가 겹쳐지면서 눈물이 난다.

진안읍에서 장계를 가자면 천천을 지나 용광리 다리를 건너야 한다. 이십여 년 전 일이다. 아버지, 어머니와 함께 물 아래 밭일을 가는 길이었다. 내가 심부름으로 모종을 알아본 게 있었는데 그 일로 아버지께 심한 꾸중을 들었다. 나는 해명을 했지만 받아들여지지 않았다. 그래 나는 밭일을 안 가겠다 했고 차에서 기어이 뛰어내렸다.

아버지는 뒤따라 내리셔서 나를 불렀지만 나는 용광리 다리를 건너고 말았다. 몇 시간을 걸어 아버지를 찾아뵙고 죄송하다 했지만 이미 나는 벗어나 있었다. 옹기일을 하겠다고 했을 때 안 보겠다 하시면서 "지 신세 망쳤으면 됐지 새끼들 신세까지 망쳐놓는다" 하셨다.

이번엔 내가 아들놈 '물이'를 남원의 서당에 보냈다. 지난 일요일 이주 만에 면회가서 저녁 시간을 함께 보냈다. 새털 같은 옷을 입고 있는 아들이 참으로 반가웠다. 아내는 가면서도 울고 오면서도 울었다. 사부께서 이놈한테 옹기를 길에서 주우라 하셨다. 길에서 길을 찾으라 하셨다.

집안에 종손 되는 사촌형님께서 재작년 아버님 비문을 새기면서 아들 '물이'에게 한자로 도영(道永)이란 이름을 지어주셨다.

내가 곧 길이다.
아들아
나를
밟고 가거라.

1992년 5월 14일, 벌교 장날, 맑음

아들녀석 '물'이를 데리고 읍내에 갔다. 본시 더딘 걸음에 끈 풀린 신발을 신어 자꾸 거리가 생겼다. 돌아서서 "어서 와라!" 할 때 신동엽님의 「누가 하늘을 보았다 하는가」의 '보았다'를 보았다. 더벅머리, 까만 얼굴, 튼 볼 때기, 눈 밑의 상처 딱정이, 찢어진 눈, 하늘 본 코, 커다란 입, 작은 키. 이 곳 벌교읍에서도 구별되는 '산 중놈'…….

'맛있는 것'을 약속한 터라 읍내 시장통에 있는 중국집에 가서 "짜장 둘!" 을 시켰다. 신이 난 '물', 열심히 먹다가 지 애비에게 단무지를 집어주며 "아빠, 먹어" 한다. 옆 테이블의 '탕수육'에 기가 좀 죽긴 했지만 그럴싸한 외식이었다.

바로 그 '물'이가 동생 '바우'를 보았다. 5월 5일. 서툰 솜씨로 왼새끼를 꼬아 사립문에다 금줄을 쳤다.

아내는 건넌방에서 문 걸어 잠그고 혼자서 애를 낳았다. 이젠 거의 애 낳

는 기술을 터득했나 보다. 이번이 세번째다. 그런데 애를 그만 낳겠다는
거다. 기술이 아깝다.

이거리 저거리 각거리 우리 아
빠 옹기장이 하루에 몇십개
만들어서 돈벌어

이솔, 백운초등학교 이학년 일반
(이현애씨 동생, 딸)

품앗이

아들놈 '이물'이가 올해 초등학교에 입학을 했다. 오늘이 셋쨋날이었는데 집에 들어오면서부터 뾰로통해 있다. 지네 엄마가 이유를 묻는데 대답을 안 한다. 토요일이라 급식이 없는 날이니 점심밥도 안 먹었을 텐데 안 먹겠다며 아랫방으로 건너가고 만다.

요 며칠 몸살, 감기 때문에 일을 못 했다. 어제 오후부터 일을 좀 했는데 점심 때부터 아무래도 힘에 부쳐 취한한다고 이불을 푹 뒤집어쓰고 있는데 그놈이 둘째와 셋째를 괴롭히는 소리가 들린다. 큰 소리로 혼내주고는 "선생님한테 혼났냐?" "친구가 때리던?" "형아들이 놀리던?" 했더니 다 아니라 한다. 엄마 아빠가 지 입학선물을 안 사줬다는 거다.

아무래도 누가 학교에서 엄마, 아빠께 선물을 받았다고 자랑을 했나 보다. 입학선물이라면 그놈도 안 받은 게 아닌데. 머리끝에서 발끝까지, 가방의 겉과 속이 죄다 저희 이모들이나 고모, 큰엄마, 할아버지, 할머니께서 채워준 거였다. 굳이 억지를 부린다면 설 전에 사준 신발이 있었지만 내세울 수는 없었다. 그냥 대충 얼버무리고 건너와 한숨 자는데 더 야단이다.

안 되겠다 싶어 불러세워 다시 혼내주고는 안 그러겠다는 다짐을 받고서 가고 싶은 데로 가라고 했더니 안방도 아니고 건넌방도 아닌 동네로 내려가는 거였다. 서러운 듯 참았던 울음을 터뜨리며 큰길 가까이 가는데 지네 엄마가 있는 작업장으로 가기를 바라는데도 반대방향으로 가는 것이었다.

그러리라. 그럴지도 모른다고 짐작은 했지만 막상 어긋나니까 심정이 착잡했다. 그렇다고 뒤따라가기가 그래서 방으로 돌아와 이불을 푹 뒤집어 썼는데 다니러 오신 장모님께서 밥을 먹이겠다며 찾아 나섰다. 동네에도 작업장에도 없더라고 하시길래 내가 찾아 나섰다.

"그 길은 나를 찾아 나선 길이었다."

그놈 입학원서에 취학 아동의 특징을 적는 난이 있었다. 칸이 크지 않아 몇 마디로 요약해서 써야 했는데 한참 생각하다가 아내에게 동의를 구하듯이 "말이 많고, 고집이 센 편?" 했더니 아주 정확하다며 아내가 놀라워한다. 아니 그것은 내가 초등학생 때 받은 통신표에 담임 선생께서 써주셨던 거였다.

나는 그놈을 단숨에 찾았다. 빈집인 사과나무집에서 찾았다. 안 업히겠다는 것을 굳이 업고서 감기 탓에 더 가팔라 보이는 언덕 위의 우리 집을 올랐다. "아, 이렇게 어머니, 아버지께 품앗이를 하는 건가 보다" 하면서.

닭죽

저녁밥을 먹는데 둘이 녀석이 내일은 닭죽을 쒀달라 한다. 지 엄마가 "지금은 돈이 없으니 나중에 해먹자" 하니까 닭장에 있는 닭을 잡아먹자 한다. "아, 이놈아! 그럼 달걀은 어떻게 먹냐?"

작년 이맘때 병아리 열다섯 마리를 사 넣었는데 어쩌고저쩌고 해갖고 암탉 한 마리, 장닭 한 마리 남았드렸는데 장닭이 아랫집 개한테 물려 죽는 바람에 암탉이 혼자가 되었다. 그것도 짠한테 텃밭에 씨앗을 뿌린 게 있어 닭장에 갇히기까지 했다.

아들녀석을 야단치긴 했지만 짠하기는 아들녀석도 마찬가지다. 모레가 어린이날이고, 셋째 바우의 생일이고 그렇다. 글피는 유아원서 전주 동물원으로 소풍을 간단다. 우리에겐 돈이 없다.

"여보! 내일 한의원에 화분 두어 개 들고 가볼까?" 했더니 "화분을요? 왜요, 징광 갈 차비가 없어서요?" 한다. "그보다 모레가 바우 생일이잖아……." "어휴, 생일은 안 찾아줘도 괜찮아요. 글피 소풍이 문제예요. 내가 자모회 회장인데 돈이 없어 소풍을 못 간다 하면 우습게 되잖아요."

돈. 가만히 생각해 보니 나한테 돈이 있다. 옹기로 처음 벌이인 만 원이었다. 기념으로 책갈피에 끼워놓은 돈이다. 소풍은 못 갈 금액이지만 징광 갈 차비나, 바우 생일에 무슨 특별한 먹을거리를 장만할 수 있다. 그러고 보니 참 큰돈이다.

작년 바우 돌 때 "내년에 찾아주자" 했는데 올해는 사정이 더 안 좋다. 바우는 우리 부부가 옹기 하는 기념으로 하나 낳자 해서 얻은 셋째인데, 옹기는 아직까지도 우리를 어렵게 하지만 바우는 우리에게 많은 기쁨을 준다. 나는 만 원을 기꺼이 쓰겠다. 나는 지금 기분이 매우 좋아졌다.

이젠
잠을 자야겠다.

바다

십 년도 훨씬 더 전에
십사 년 전, 십오 년 전
해운대 바닷가를 갔었지요 그녀와

모래사장에 먼저 앉았는데 그녀가
앉지 않는 거예요. 한참을 서 있더니
스스로 손수건을 꺼내 펴고 앉더군요
그러면서
남자가 손수건을 펴주는 거라고
가르침을 주었습니다 그녀가

그랬던 그녀가 뜻밖에 지난 일월 일일
솥내를 다녀갔는데
간 것은 시간만이 아니었고
온 것 또한 사람만이 아니었습니다

내일에 가서 기다리는 어제

구십오년 여름 일이다. 전주 '예사랑' 천선생께서 대학 부설 도자교실 친구분들과 견학을 왔드랬다. 이런저런 질문에 대답을 하고 있는데 우체부 아저씨가 소포를 가지고 왔다. 인천 용화선원의 스님께서 보낸 건데 책과 호박엿, 그리고 먹물을 들인 회색 윗도리였다. 천선생께서 감물을 들인 아랫도리를 선물로 주시어 멀쩡한 대낮에 옷이 한 벌 맞춰진 거다.

팔십칠년도 부천시 역곡동 안동네에서 살았을 때 일이다. 용산 사는 누님 댁에 갔다 나오면서 아파트 쓰레기통에서 전해오는 파장을 느꼈다. 캄캄한 밤이라 다가가 만져보니 맷돌 위짝이었다. 거 무거운 놈의 것을 지하철을 타고 역곡까지 들고 갔다. 그러고는 며칠 후 방문 앞에다 화분 선반을 만드느라 땅을 파는데 괭이 끝으로 오는 파장이 느껴졌다. 급히 플래시를 비추며 조심조심 파보았더니 맷돌 아래짝이 나오는 거였다. 저번날 거하고 돌의 성질(현무암)하고 크기까지 맞아떨어진 거다.

중학생 때 미술반 친구 따라 미술실에 놀러갔었다. 누군가가 데생을 하다만 게 있었다. 장난 삼아 손 좀 봐줄 요량으로 연필을 집어들고는 석고상과 종이를 번갈아가며 봤지만 도저히 손을 댈 수가 없었다. 틀린 데가 없었던 것이다.

초등학생 때 미술반에 들어갔다가 연습으로 종이와 크레용을 허비하는 걸 감당 못 하였다. 이젤을 사가지고 오라는 말에 아예 미술반을 그만두었지만, 그래도 그리기는 유일한 자부심이었기에 마음의 상처가 됐다.
며칠 뒤 남 몰래 혼자서 미술실엘 갔다. 그 그림은 뒤로 넘겨져 있었다. 나는 그 그림을 둘둘 말아 훔쳤다. "이 담에 돈 벌면 꼭 그림공부를 하여 이 그림을 손봐줘야지" 하면서.

십 년이 지나 돈벌이를 하게 되었다. 그래 화실을 다니기 시작했다. 큰맘 먹고 시작한 공부인데 화실이 문을 닫아 어쩔까 하고 고민을 했더니 친구 녀석이 며칠 전에 중학교 여자 동창을 지하철역에서 우연히 만났는데 미대 졸업반이더라며 그 여자 동창생에게 상의해 보라 했다. 그래 그 여자동창생을 만났는데 마침 졸업하면 결혼할 작정이었던지 대뜸 결혼을 하자는 거였다. 그래 어쩌고저쩌고 해갖고 여보당신이 되었다. 이런저런 얘기 끝에 중학생 때 훔친 그림 얘길 했더니 한번 보자 한다. 그 그림을 보더니 자기 그림이란다.

그녀와 연애를 하던 시절 인사동 통인가게에서 뚝배기를 샀드랬다. 점원 아가씨가 포장을 하면서 "어머님께 선물하실려고요?" 한다. "아뇨, 여자친구에게 선물할 거예요" 했더니 어처구니없다는 듯이 "아니, 요즘에 어떤 아가씨가 이런 선물을 좋아하겠어요" 한다. 하지만 여자친구는 뚝배기 선물을 굉장히 좋아했고 오늘날 옹구쟁이 마누라가 되고 말았다.

구십사년도 가을, 바로 그 통인가게 통인화랑에서 그 뚝배기를 만들었던 영감님과 같이 전시회를 하게 되었다. 그리고 그 화랑의 기획실장 이름이 장계현인데 나의 탯자리 장수군 장계면이 고려시대 때 장계현이었다. 그래 우리는 친구가 되었다.

올해가 구십육년도. 내 나이 서른다섯 살. 결코 세상을 길게 산 게 아닌데 벌써부터 어제와 오늘이 만난다. 요새는 기이하게 생각할 수도 없을 정도로 우연에서 필연으로 가는 게 많다. 세상에 우연은 없고 뭐든 다시 한 번 다가오나 보다. 이제는 만나고 싶었던 사람, 만나고 싶었던 일, 만나고 싶었던 물건을 맞이할 준비를 해야겠다.

아빠는 옹기쟁이, 아들은 고집쟁이

장모님 생신이라 서울에 갔다가 내려오는 길이었다. 지하철 대림역에서 2호선 잠실 방면을 탔는데 파업 중이라 운행횟수가 줄어 기다릴 때부터 사람이 많았다. 다음 차를 탈까 하다가 뒤차도 마찬가지일 것 같아 어떻게 어떻게 해서 탔다.

고만고만한 놈들 셋을 데리고 타다 보니 아내는 막내를 업구서 저만치 멀어졌고 가방 네 개와 애 둘을 맡은 나는 땀으로 목욕을 해야 했다. 주위 분들이 아무래도 애들이 위험하다며 도와줘서 좌석 쪽으로 가까이 갈 수 있었다.

다들 더워서 난리인데 아들녀석이 모자를 좀처럼 안 벗는 거다. 애 생각 해주는 것도 있고, 그런 차림을 보면 보는 사람이 갑갑해지는 것도 있고 해서인지 아줌마들께서 "애야, 모자를 좀 벗어라, 덥지도 않니?" 해쌌는데도 싫다는 거다. 요술램프의 요술쟁이가 된 서울 이모가 시골 조카에게 "무엇을 갖고 싶니?" 했을 때 주문해서 쓴 모자다 보니 도대체 벗으려고 하지 않는 거다.

로봇도 그랬다. 무져파워렌젠가 뭔가 하는 로봇인데 그걸 들고 있자니 흔들릴 때마다 넘어지기 쉽고, 또 개중에 싼 거라 마무리가 조잡하여 날카롭게 생겨 위험하기도 한데 좀처럼 맡기려고를 안 한다. 여러 번 아저씨들께서 맡겨뒀다 내릴 때 가져가라 하는데 싫다는 거다.

모자와 로봇 때문에도 그렇고 또 생긴 것부터가 찢어진 눈에 하늘을 본 코, 커다란 입, 까만 얼굴이고 보니 고집쟁이처럼 생겨 "아따, 그놈 고집 어지간하네" 하는 소리를 듣게 되었다. 아줌마, 아저씨들이 애한테 말을 할 때 "얘가 귀하게 얻은 거라서요"라고 말하고 싶었는데 용기가 안 났다.

나는 잠깐 내가 초등학생일 때 일을 생각했다. 좋은 크레파스를 갖고 싶었는데 형편이 그렇지 못했다. 그러다가 그림 그리기로 상을 타싸니까 어머니께서 큰맘 먹고 '왕자파스 24색'을 사주셨다. 함부로 못 쓰고 무슨 대회 나갈 때만 가지고 가곤 했는데 그것도 마무리할 때만 썼다. 그렇게 아껴 쓰다 보니 결국 무슨 상징물처럼 되어 지금도 갖고 있게 되었다.
이런 경험이 있는 나로서는 아들녀석을 나무랄 수 없었다. 오히려 서울 시민 여러분의 깊은 이해를 구하고 싶었다.

첫애를 가졌을 때 아내에게 "애들을 밝고, 착하고, 건강하고, 가난하게 키
워보자" 했다. 아내는 왜 가난하게 키우려 하느냐며 싫다 했다. 결과적으
로 나의 경제적 무능력으로 의지하고는 상관없이 가난하게 키우고 있지만
여전히 뭔가 부족한 가운데서 여유가 생긴다는 믿음에는 변함이 없다.

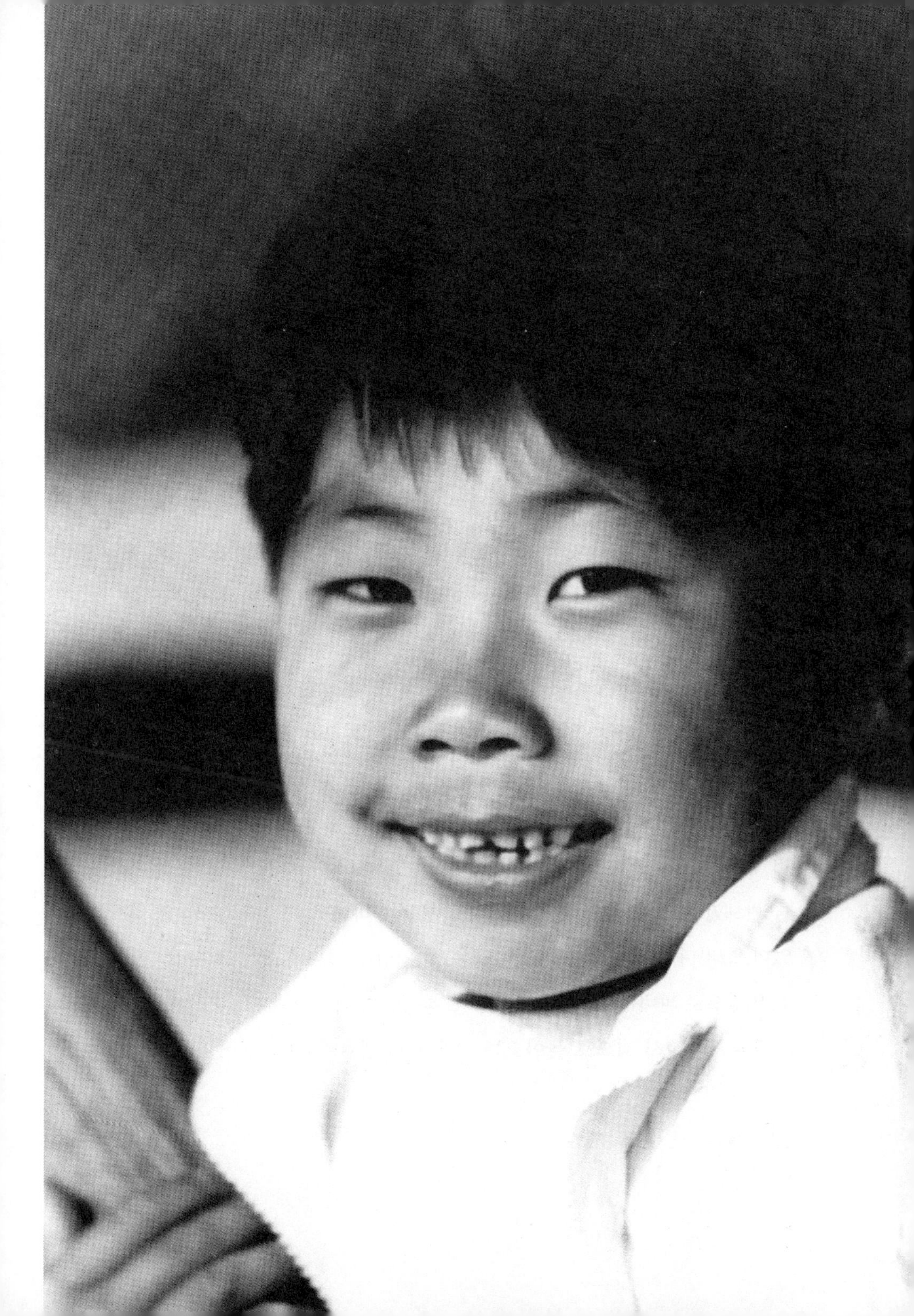

똥타령

나는 어려서 흙을 많이 먹었다. 어찌 놀다가 흙 묻은 손을 핥는 그런 정도
가 아니라 밥 먹듯이 먹었다. 그때 우리는 초등학교 뒤 주익이네 집 문간
방을 얻어 살았드랬는데 그 집 벽이 빵구가 날 정도로 흙벽을 뜯어먹었다.
그 때문인지 회충이 많아 하루는 입으로 뱉어야 했다. 이에 놀란 어머니가
사거리 동아약방에서 사오셨다면서 콩알만한 빨간색 약을 여러 알 사오셨
다. 그런데 그게 또 문제를 일으켰다. 요즘 회충약은 회충을 녹여버리나
본데 그 당시는 못 녹이고 쫓아내는 구실을 했나 보다. 그러다 보니 이놈
들이 한목에 쫓겨 서로 엉켜가지고 똥구멍이 막히고 말았다.

사람이 못 먹어도 병이지만 그에 못지않게 못 싸는 것도 큰 병이었다. 여
러 날을 고통 속에 보내야 했다. 응원하는 어머니께 보답해 보려고 힘을
좀 써보면 그 고통이 더했다. 그러다 하루는 방바닥을 데굴데굴 구르게 되
었다. 그러다 병원엘 갔는데 치료라는 게 침상에 엎드리라고 하구서는 무
슨 연장으로 파내는 거였다. 그 자세로 통행금지 사이렌 소리를 들었다.
치료를 마치고서 집으로 돌아오는 길에 지서 앞을 지나게 되어 아버지께

서는 나를 업구서 통행금지를 위반할 수밖에 없는 피치 못할 사정을 설명해야 했다. 그러구서 면사무소가 있는데 나는 아버지 등에서 급하게 외쳤다. "아빠! 똥!" "아빠! 똥!" 나는 면사무소 벽보판 앞에다 아주 오랜만에 똥을 쌌다.

다음날 아침이었다. 나는 장롱에다 감춰뒀던 빵을 찾았는데 아무리 찾아도 없는 거였다. 당신 막내가 아프니까 특별히 사준 거라 한꺼번에 다 먹기가 아까워 반쪽만 먹고 반쪽은 감춰뒀드랬는데 없어진 거였다. 유력한 용의자는 세 살 위 형이었다. "내 빵! 내 빵!" 울며 외치는 나의 간절한 호소는 똥을 싸버린 후라 생활권 밖이 되어 다시 공허해지고 말았다.

이 이야기는 내가 기억하는 가장 오래 된 이야기다. 어머니께서는 서너 살 때였을 거라 하신다. 나는 내가 왜 그때 일을 기억하고 있는지 늘 궁금하다. 그리고 입안에서 우물우물하다 내뱉는 이야기나 똥싸듯이 대충 성의 없이 내지르는 이야기에는 삶의 진정성이 없다고 생각한다.
그래 내 사는 게 목구멍에서 똥구멍까지이고, 또 산다는 것을 그 안에서 해결해야 할 거 같다.

똥방위

나는 똥방위 출신이다. 나도 중·고등학생 때는 면사무소 옥상에서 체조하는 방위병들을 놀렸지만 막상 군입대 신체검사를 받으면서 "현역 갈래? 방위 받을래?" 묻길래 "방위 받겠다" 했다. 어떤 사람들은 향토방위니 뭐니 하지만 나는 확실한 똥방위였다.

내가 똥방위가 된 것은 기동중대에 소속되어 덕유산으로 동원훈련을 가서였다. 하루는 소대장 하나가 우리 이백 몇십 명 되는 방위병들을 집합시켰다. 그러고는 이런 "개새끼들" 어쩌고저쩌고 하면서 욕을 해대는데 그 이유는 이랬다. 방위병하고 현역병하고 친구가 되어 장난을 친 모양인데 그게 트집이 되었다. 감히 방위병이 현역병하고 같이 논다는 거였다. 나는 고참 중에 누구 하나가 나서주기를 바랐는데 아무도 안 나서는 거였다. 그래 안 되겠다 싶어 내가 나서게 되었다.

나는 벌떡 일어나 "이거 너무 심하지 않느냐" 했다. 이게 그 소대장을 더 화나게 했다. 그래 다시 일어나 동료들에게 "야, 앞으로는 네 발로 기어다녀. 만약 두 발로 걸어다니면 내가 가만두지 않겠어……" 했다. 사태가 심각해지자 다른 간부들이 그 소대장을 다른 곳으로 데려갔다. 그리고 우리를 달랬다. 그래저래 기분을 풀자면서 군가를 부르게 하고서 해산시켰다. 동료들은 힘차게 군가를 부르며 걸어갔다. 그래 내 딴 길로 나서 네 발로 엉금엉금 기면서 "멍! 멍!" 짖었다.

그 일이 있고 나서 간부들은 훈련 중에 '개새끼'란 욕을 하다가 "어휴 저 새끼, 또 멍멍 짖을라" 했고 동료들은 똥이 보이면 "야, 니 밥 있다!" 했다. 그래 나는 '똥개'가 되었다.

그런데 묘한 것은 그렇게 한번 개짓을 하고 나니 뭔가 산다는 게 답답하고 벅차면 나도 모르게 그 개짓을 한다는 것이다. 아니 아예 개처럼 살고 싶어졌다. 철수가 부르면 열심히 뛰어가고, 저쪽에서 영희가 부르면 또다시 열심히 뛰어가는 개처럼 살고 싶어졌다. 애들이야 장난을 하는 거든 말든 개는 개로서 자기 자신에게 충실한 것처럼 그렇게 나 자신에 충실해지고 싶어진 것이다.

그런데 이 인간은 그게 참 안 된다. 그게 그렇게 안 된다. 참 속상하다.

똥

민영이라는 동갑내기 사촌 여자애가 있다. 중등학교 국어과 선생 노릇을 하고 있는데 그애는 어려서부터 공부를 참 잘했다.
어려서 어머니께서는 통신표가 나오는 날이나, 노는 일에 정신이 팔린 현배를 챙기시는 날이면 "이놈아! 민영이 똥이나 먹어라!" 하셨다.

사부께 여드레 일정으로 다녀왔다. 차〔茶〕를 담을 졸단지를 만들고 왔다. 하루는 변소서 똥을 싸다가 휴지통을 보니 뭔가 끌리는 게 있었다. 엄지와 검지만을 써서 펴보니 사부께서 작업지시를 그린 단지 그림과 수량이 적혀 있었다. 현배는 똥덩어리가 안 묻은 걸 다행으로 여기며 호주머니에다 넣었다.

하마터면 민영이 똥을 먹을 뻔했던 현배. 자기 인생을 살아 옹구를 만난 거라고 좋아했는데, 현배 팔자라는 게 역시 똥하고 그렇고 그런 사인가 보다.

서른세번째 생일에 앵긴 똥독

요 아래 호미동에서 사는 해동양반한테서 전화가 왔다. "자네 우리 해동댁한테 합수독아지 말했담서?"

언젠가 그 집에서 측간의 합수독아지를 보고서 "아, 그놈 참 잘 생겼다" 하면서 감탄을 했더니, 마침 곁에 있던 해동댁이 망측해하면서도 "왜요? 욕심나요?" 한다. "네!" 했더니 "아이고! 우리는 시방 그거 파버릴라고 하는디……" 하길래 "그럼, 그때 소리하세요. 제가 파갈게요" 했었다.

땅 속에 묻힌 물건이라 온전하게 뵈지는 않지만 어깨선과 실하게 생긴 전만 봐도 빼어난 물건으로 판단되었다. 사부께 해동양반네 합수독아지 좋아 보이더라 했더니 같이 가보자 하신다. 해동양반네 집은 돌담이 참 아름다운 집이다. 돌과 돌이 닿게 쌓아 비바람에도 끄떡없고 오랜 세월 이끼가 껴 더욱 때깔나는 집이다. 그 모서리를 측간으로 썼는데 아무래도 브로크로 측간 아닌 화장실을 지을 모양이다. 모서리는 이미 헐려 있었다.

사부께서도 보시고 만족해하신다. 해동양반 내외는 "참 별스럽다!" 하면서도 내용물을 퍼 없애고 들어올리기 좋게 해두셨다. 해동양반이 깨버리려고 하는 것을 해동댁께서 "저번에 물이 아빠가 한 소리가 있어 뒀다" 하면서 독아지 값을 안 받을 테니 땅 판 품삯은 톡톡히 내야 한다며 웃으신다.

노끈으로 밑몸을 묶어 장정 넷이서 보도시 들어올리고 보니 역시 대단한 물건이다. 사부께서도 흡족해하신다. 서른세번째 생일날에 앵긴 그 물건이 냄새는 좀 고약했지만 오늘을 의미 있는 날로 만들어주었다. 오늘 현배의 서른세번째 생일에 똥독이 앵긴 것이다.

나는 객관식에 약하다

이번에 초등학교 2학년이 된 큰애가 "아빠, 상장요" 하며 상장을 내밀었다. 글을 모르고 학교에 들어갔던 터라 그냥저냥 따라가는 것만으로도 기특했는데 상장까지 타오니 대견스러웠다. 어떻게 이런 게 가능할까 생각하다가 요즘에 학습능력 고취 차원에서 이런저런 명목을 만들어 아무한테나 상장을 준다는 소리를 들은 게 있어 넌지시 물어봤다. "물아, 너 이거 운동장에서 탔냐, 교실에서 탔냐?" 물이는 거침없이 "운동장에서요" 한다. 물어본 뜻을 알 수 있는 나이가 아니라 다행스러웠지만 스스로 민망해하는데 옆에서 딴 일 하던 아내가 "당신은 운동장에서 한 번도 못 탔죠?" 한다. "나는 셀 수도 없이 많이 탔는데……" 하면서.

아, 왕년에 한 가닥씩 안 했던 사람 어디 있을까마는 대부분 교과서에서 벗어나 있었던 터라 아내에게 별 대꾸를 못했다. 고등학생 때는 공부 안 한다고 때리는 선생님께 "공부 안 해도 훌륭한 사람이 될 수 있다"고 호기를 부렸고, 또 공부를 안 하고도 훌륭한 사람이 돼 보려고 무진 애를 써봤지만 큰애가 초등학교 들어갈 때 남 몰래 교과서 공부하기로 계획을 세웠

었다. 가만히 지나온 길을 짚어보니까 교과서를 몰라서 감내해야 하는 어려움이 많았고, 또 같은 식으로 앞으로도 그럴 게 뻔해서 큰애에게 맞춰 교과서를 공부할 작정이었다.

그래 방송통신대학교 가정학과 삼학년에 편입을 했다. 그릇이란 게 그 시대 생활을 담아온 것이니 생활문화를 공부하는 게 도자사나 미술사를 공부하는 것보다 좋은 그릇 만드는 데 훨씬 나을 성싶어서였다.

그런데 이게 무슨 병인지 도대체 교과서가 안 봐진다. 특히나 '시험'을 보는 것은 참으로 힘들다. 주관식은 내 의견을 쓰는 것이니 거침없이 얼마든지 잘 쓰겠는데 객관식 보는 날은 아예 시험장엘 안 가버렸다. 그래서 유급. 올해도 등록은 했지만 아직까지도 교과서를 한 번도 안 봤다. 아니 한 번도 못 봤다.
나는 여전히 객관적이지 못하고 교과서적이지 못하단 말인가? 슬프다.

핍우(乏愚)

벽에 글씨가 하나 붙었다. 그 동안 뭘 걸어보려는 노력을 하지 않았기에 한갓진 곳에 거울 하나, 달력 하나 이렇게 걸린 둥 마는 둥 했드랬다. 대개 작은 집에 살자니 벽에 뭐가 걸리면 쏟아지는 것 같은 느낌이 들어 뭘 걸려고를 안 했다. 그러다 저번날 중하 김두경 선생께서 밥 한 끼 같이 먹자 하여 모두 모악산 아랫동네를 갔드랬다. 밥 맛있게 먹고 차까지 마시고 선물까지 받았는데 글씨였다. 한자로 '핍우(乏愚)', 다르게는 '폄우'라고도 읽는다는데 '어리석음을 깨뜨리다' '어리석음이 다하다'라는 뜻이란다. 글씨 모양은 어리석을 '우' 아래 '마음 심'을 곡괭이 모양의 '핍'자가 파낼 것 같은 형상이다. 그게 곧 이 옹기장이에게는 마음을 캐내라는 것으로 보였다.

어제 뜻밖의 손님을 맞이했다. 우리가 첫살림을 살았던 경기도 역곡서 이웃하고 지내던 이였다. 그래 그때 얘기를 하게 되었다. 우리가 살던 안동네라는 곳은 앞으로 아파트숲이 있지만 개발제한구역이라 뒤로 나무숲을 둔 초가집까지 있는 그런 동네였다. 동네 앞의 넓은 들이 개발되면서 사람들이 몰리자 아래채에 방을 들여 세낸 곳이었다. 그래 천장이 낮았다. 아내가 학교를 졸업하면서 그린 백호짜리 그림이 있는데 그게 바로 서지를 못하고 누워야 하는 그런 높이였다.

그 그림은 몇 번이나 이사하면서도 계속 그런 신세였고 그러다 찢겨 없어졌다. 그림말고도 장롱도 못 들어가는 곳이라 반닫이를 구해 이불은 얹고 옷은 넣고 그렇게 살았드랬다. 그렇게 작은 살림을 살 때는 가장(家長)인 이 사람보다 높은 게 없었다. 그러다 이제 제법 살림이 커지니까 저기서 늘 이렇게 충고한다. "이 어리석은 인간아, 마음을 비워라." "이 어리석은 옹기쟁이야, 그릇을 비워라."

천명 받드는 옹기장이 '天牛'

'설그릇전'에 옹기그릇을 우선 몇 개씩만 보내고 많은 숫자는 내 싣고 가겠노라 했는데 '天命' 공연날과 겹쳤다. 그래도 먹고 사는 일이 우선이라 서울엘 가겠노라 했는데 전화가 왔다. "공연 있는 거 알죠?" 안 보면 후회될 거라고까지 한다. 고민 또 고민.

'설그릇전'은 지난 크리스마스 전에 '후식그릇전'을 가졌던 박여숙 화랑에서 주관하는 일인데, "전통적인 민예의 아름다움을 현대적 미감과 접목시켜 나가자"는 것이어서 나 자신도 공부 삼은 바 있기에 굳이 직접 보고자 했던 것이다.

저번 후식그릇전에 그릇을 보내고 나서였다. 같이 참여한 분청사기 그릇을 만드는 변선생한테서 전화가 왔는데 "어찌 그릇에 아무것도 담겨 있지 않느냐" 한다. "그릇쟁이로서 의도라든가 욕심 같은 게 있어야 하는 게 아니냐" 한다. "이형은 뭐 벌써 마음을 비운 거요? 벌써 도통이라도 한 거요?" 한다.

나는 그냥 웃기만 했다. 내 마음을 비우려는 노력은 하고 있지만, 아직 비우지 못한 뭔가가 있는데 그것은 어떻게 얘기할 수 있는 게 아니어서 그저 웃기만 했다.

그런데 '천명'을 보면서 나는 그저 울기만 했다. 처음 무대 한쪽에서 묶여 나오는 녹두장군을 보면서 울기 시작한 것이 공연이 끝날 때까지 내내 울게 되었다. 그리고 내 속에 있는 그 '뭔가'를 알 수 있었다.

구십삼년 삼월 백제기행 '고부 들판의 역사 맞이' 때도 그랬다. 세상을 바꾸고 싶어하는 의지로 조성했을 선운사 도솔암 마애불을 보면서, 그리고 정읍 고수부지에서 마당극 '고부 농민봉기 역사 맞이굿'을 보면서 같은 돌부리에 걸려 삼대가 엎어지는 형상에 내내 울었다. 그리하여 '고부 들판과 역사 맞이' 그것은 '나에게로 떠나는 여행'이 되었고 기행문의 끝은 이러했다.

"이 땅은 분명 멍들어 있다. 당나라군의 말발굽에, 일본군의 군홧발에, 거기에 빌붙었던 이 나라의 지배계급에 의해. 오늘 그들은 달래려 든다. 치유하려 하지 않는다. 아니 그들에겐 치유할 능력이 없다. 기념행사로도 안 된다. 양식 있는 지식인층에 의해서도 안 된다. 오직 이 땅의 사람만이 할 수 있다. 농민혁명군의 피와 정신은 이 땅에, 그리고 이 땅의 사람에게 스

며 있다. 이젠 감출 것도 미화시킬 것도 없다. 일상의 삶을 통해 철저하게
그 정신을 실천함으로써 참세상을 이루리라. 우리는 숨통을 막히게 했던
만석보를 터뜨리고 기행을 마쳤다."

새해. 스스로 이름을 하나 지어 불렀다. '天牛'다. 우리말로 '하늘소'다.
마음 공부하는 곳에서 돌림자로 '天'자를 쓰는지라 하늘 천(天)을 얻고 일
을 열심히 하겠노라 해서 소 우(牛)를 붙여 '天牛', 즉 '하늘소'가 되었다.
이 하늘소(天牛), 하늘의 뜻(天命)을 받들어 하늘일을 열심히 하리라 다짐
한다.

아카시아꽃의 충고

옹기전을 주관한 문화원 원장댁에서 저녁식사를 하구서 이런저런 애기 끝에 원장께서 비닐봉지에서 아카시아꽃 말린 것을 꺼내 나눠주는 거였다. 그이의 이런저런 사회활동으로 보자면 도무지 아카시아꽃을 따 말려뒀다가 차로 그 향을 음미할 수 없을 것 같았기에 당장 나 자신 부끄러웠다. 그래 아카시아꽃에 얽힌 옛 일을 고백했다.

"십여 년 전에 사귀던 아가씨와 양산 통도사엘 갔었어요. 아카시아꽃이 많이 피었드렸는데 아카시아꽃이 먹고 싶다는 거예요. 그래 손을 뻗어 가지를 잡아 아가씨 앞에 내밀었죠. 그랬더니 꽃은 안 먹고 저를 빤히 쳐다보는 거예요. 가만 봤더니 왜 안 따주냐는 거예요. 그래 제가 정색을 하고 말했죠. '나는 당신이 원하는 걸 스스로 얻는 데 도움을 줄 수 있어도 그걸 대신 해줄 수는 없다'라구요."

요즘 몸에다 쑥뜸 들이는 일을 하고 있는데, 쑥뜸을 뜨면서 말린 아카시아꽃을 선물해 준 문화원 원장님과 십여 년 전 아카시아꽃을 선물받지 못한 그 여자친구의 "좀 따뜻한 사람이 되라"는 충고가 쑥뜸의 뜨거움을 기꺼이 견디게 하고 있다.

외딴 곳
버려진 집에다
2박 3일 동안
나를
가두었다
발효가 되는지
부패가 되는지
그걸
알고 싶었다
……

그때 나는 부패하지도 발효하지도 않고 그냥 굳어가고 있었다. 이제는 어떨까? 옹기그릇이 발효에 좋은 그릇이고 약쑥으로 뜸을 들이고 있으니 이번엔 이 사람이 '좀 괜찮은 놈'이 되었으면 좋겠다.

진안고원 '무진장' 사람들이 살아온 방식을 제안합니다

전주에서는 비(雨)였던 것이 모래재를 넘으면서 눈이 되기 십상입니다. 모래재에서 시작되는 진안고원(무주군, 진안군, 장수군)에 사는 사람들이 도회지 나들이에 옷 두께를 계산에 넣어야 하는 이유가 이 때문입니다. 거리를 뛰어넘어 서울 기후와 비슷하니까요. 이제는 서울 기후의 온난화로 오히려 서울 이북과 같다고 봐야겠습니다.

이렇게 무진장(무주군, 진안군, 장수군) 사람들은 차로 삼사십 분 거리인 전주에서도 구별되었던 것입니다. 제가 학교 다닐 때에는 가정형편 조사를 했는데, 논 대여섯 마지기면 중(中), 열 마지기 이상이면 상(上)으로 분류되었을 정도로 논이 귀한 고장입니다. 기후 때문에 그 귀한 논도 이모작이 어렵습니다. 쌀 또한 품질이 빼어나지 못했습니다. 대신 평야지대에서는 포기할 만한 곳까지 밭을 일구었습니다.

평야지대 출신의 교육청 관계자의 말처럼 '반듯한 집 한 채 없는 고장'인 것은 이런저런 여건상 뭐든 부족한 고장이었기 때문이었습니다. 그렇지만

이제는 얘기가 많이 달라지고 있습니다. 그간 도회지에서 이 지역 쌀이 쌀로 대접을 못 받았습니다만 오늘날에는 높은 일교차로 농약을 평야지대보다 훨씬 덜 하는 '저공해 쌀'이 되었습니다. 더러는 금산 인삼으로 둔갑되기도 하는 진안 인삼이나 우리나라에서 으뜸으로 치는 장수 사과도 오직 이 땅이기에 그럴 수 있는 것입니다.

음식에 대한 저의 기억은 이렇습니다. 들에 나가셨다가 해 떨어지면 돌아오셔서 아버지는 소를 외양간에 매고 이런 거 저런 거 단도리하는 동안에 어머니께서는 부엌에서 음식을 후닥닥 차려내는 거였습니다. 그렇게 차려진 음식은 주변에서 쉽게 구할 수 있는 재료에 그 조리법이 단순하고 맛이 담백했습니다. 제가 해안가인 벌교에서 살 때, 스승께서 제 조리법을 원시적(?)이라 하신 것도 저 자신이 어머니의 맛에 길들여졌기 때문입니다. 하지만 오늘날 재료와 영양이 넘치고 맛이 혼탁한 세상에 꼭 필요한 '조리법과 맛'이라고 생각합니다.

장수군 장수읍 진안군 백운면 사이에는 팔공산(해발 1150미터)이라 불리는 산이 있습니다. 장수 쪽으로 수분리 신무산에서 금강이 발원하고 백운 쪽으로 신암리 상추박이골에서 섬진강이 발원하고 있습니다. 진안 용담에 댐을 막아 도회지 사람들(전주, 이리, 군산) 먹을 물로 쓸 모양입니다. 직접적으로 이 지역 사람들의 삶의 방식이 물을 통해 그들에게 영향을 끼치게 된 것입니다.

정초 쓰레기 종량제 실시로 온 나라가 시끄러웠던 것을 기억하시겠지요.
풍요로운 생활을 추구하면서 미처 생각하지도 못했던 일이지요. 그 야단
법석은 시작일 뿐 우리는 이제 곧 재앙을 맞게 되는 게 아닌가 두렵습니
다. 우리가 당장은 풍요의 시대에 살고 있다고 하지만 삶의 구조는 항상
변화의 가능성을 갖고 있는 만큼, 삶의 다양성을 챙겨둔다면 그만큼 삶의
폭을 훨씬 넓히게 될 것입니다. 그 준비로서, 또 하나의 대안으로서 진안
고원(무진장) 사람들이 살아온 방식을 살펴보면 어떨까 합니다.

1995년 2월 5일

동물원

동물원, 동물원
노래를 해싸서
나섰다

사당역 ↔ 대공원
순환버스 빈자리에
물이를 앉히고
나는 서서
아들놈 물이를 봤다

촌놈
촌스럽다고
지네 이모들이
야단법석을 떨어가며
손을 댄 것이

더 촌놈

웃음이 나온다
까만 얼굴과 따로 노는
세련된 머리 모양
새옷
하얀 운동화
그리고 빤쓰

3부

밥과 똥 사이, 똥과 밥 사이

절, 저를 받으세요

나한테 옹구사부는 가끔 절하는 법에 대해 말씀하셨다. 술이 많이 되어 뚝 뚝 끊어지는 가운데 하신 말씀이라 그걸 한번에 이어 여기에다 옮겨 적지 는 못한다. 당신께 삼배를 시키구선 절을 세 번 하고 나면 혀끝을 끌끌 차 면서 "그것도 절이냐!" 하셨다.

옛날에 선비들이 갓의 양태(涼太) 크기를 두고 왜 시비했겠느냐 하면서 "양태의 크기가 바로 자존심이었다" "양태의 크기는 머리를 얼만큼 숙이 느냐의 문제고, 이만큼만 숙이겠다는 목숨 같은 거였다"고도 하셨다. 취 중이 아니어도 손님 앞이든 동네 사람들 앞이든 절을 시키곤 했다. 요즘 접시를 만들면서 날개의 폭에서 갓양태의 크기를 보면서 내가 어느 쪽에 속해 있는지를 알 수 있었다.

옹구사부 곁을 떠나 옹기일로 참 힘들 때 다른 일로 한 분의 스승을 모시 게 되었다. 그런데 초면에 당신께 사배를 시키는 거였다. 그래 절을 네 번 올리긴 했지만 혼자가 되었을 때 혼란스러웠다. 도둑 피하다 강도 만난다

더니 삼배 피하다 사배 만난, 갈수록 태산이었다. 그렇다고 또 피해 가고
싶지는 않았다. 그래 혼자 방 안에서 절하는 연습을 했다. 그런데 그게 잘
안 됐다. 안 되겠다 싶어 절한 상태에서 엎드려 스승님의 발을 핥는다고
생각하고 방바닥을 핥기 시작했다. 한참을 핥다 보니 무슨 냄새가 나는데
그 동안 입맞춤할 때 파트너의 냄새라고 생각했던 그 냄새였다. 그게 내
냄새라는 걸 그때 알았다. 그리고 절이라는 게 결국 나한테 하는 거라는
것을 알았다.

며칠 전 벌교에 불 때러 갔다가 사부님 산소에 들러 소주 한 잔과 삼배를
올렸다.
절.
절 받으세요.
저를 받으세요.

죄인

여호와 하느님에 대한 신앙을 권유하는 이가 하루는 태초에 천지창조가 있기 전에 여호와 하느님말고 한 분이 더 있었다 하면서 그분이 누군지 알겠느냐고 말했다. '말씀'이라 대답했더니 그이가 매우 놀라워했다. 얼떨결에 답을 맞힌 거였는데 그때 문답을 통해 '조물주'가 있고 '말'이 있어 '천지만물'이 생겨났다는 걸 알았기에 나 자신도 놀라웠다.

내 저번날 말을 하나 바꿔야겠다면서 "옹기 공부를 옹기장이한테 못 하고 말쟁이한테 했다"고 했던 말쟁이가 이 사람한테 옹기일로 '선생님'이다.

지난 구월 이십팔일, 인디언식 이름으로 '참나무통 맑은 소주'하고 '위통 벗고 춤춰'하고 같이 일하다가 나한테 두 사람이 참 불편하다 하면서 감각이 안 맞는다 했다. "이십팔 년 간 따로 살아 감각이 안 맞으니까 이제 감각 맞추려고 손내 들어온 거죠" 한다. 그래 내가 "아니 그런 감각말고 감각이란 것의 감각이 안 맞는다고" 했다. "그럼 세상에 누구하고 감각이 맞아요?" 하길래 "한선생님!" 했더니 "그럼 현배아저씨 같은 사람 하나 더 만들어야겠네요" 한다.

그렇잖아도 한선생님하고 약속이 "나 같은 놈 하나 더 만들어라" 하고 "배운 대로 하라"는 거였다는 얘기를 했다. "가지로 가서 꽃을 피우지 말고 본대를 지키라"는 당부의 말씀이 있었다 했다. 한선생님하고의 일을 이거 저거 얘기하다 보니 뭔가가 마음을 무겁게 했다. "우리가 점심밥을 먹었던가?" 하고 물어봤다가 두 사람이 웃어싸서 시계를 봤더니 세 시가 다 돼 가고 있었다. 이상하게 한선생님한테 뭔 일이 생기면 내가 좀 이상한 짓을 하게 되더라는 얘기 끝에 "한선생님 돌아가셨다"는 전화를 받았다.

나보다 먼저 옹기 공부를 하던 이는 불이 한창 진행 중인 가마 속에 들어가 물건을 꺼내오라는 걸 해결 못 하여 옹기굴을 떠나야 했다. 그건 나도 마찬가지였다. 어리석게도 나는 그걸 물리적으로 해결하려 들었고 결국 그게 '사상성'과 '종교성'으로 드러났다. 그게 숙제로 남아 있었는데 몇 년 지나 지난 봄에 가마에 불을 때면서 큰불일 때 힘이 들어 교대를 하고서 한숨 자려 하는데 잠이 안 오는 거였다. 그래 누운 상태로 생각으로 불이 활활 타는 가마 속에다 나를 넣어봤다. 움찔 뜨거운데, 몸이 타서 없어지는데 그렇게 타서 없어지기만 하는 게 아니라 타지 않는 놈이 있었다. 죽지 않는 놈이 있었다. 그래 그 뜨거운 가마 속을 자유롭게 운행할 수 있었다. 이젠 그 숙제를 풀 수 있으리라 생각했다.

벽제 화장터에서 한선생님을 따라 생각으로 불 속을 따라 들어가 봤다. 그런데 나 혼자다. 한선생님을 애타게 찾아보고 불러봤지만 찾는 놈만, 부르는 놈만 있다. 도대체가 찾아지지를 않는 거였다. 사흘 동안 내내 그랬다. 그러다 '조물주'가 있고 '말'이 있어 '천지만물'이 생겨났다는 얘기로 돌아갔다. 그러고 보니 조물주 따로, 말 따로, 천지만물 따로가 아니었다. 이 모든 게 하나였다.

한선생님은 언젠가 옹기일과 관련해서 당신을 어떻게 소개해야 할지 몰라 하다가 "영어로 좋은 말 있습디다. '프로모터'라고. 나는 옹기프로모터요" 하신 적이 있다. 그렇다. 오늘날 옹기가 수천 년 도자기 역사를 유일하게 이어온 그릇이니 옹기일로만 봐도 징광(澄光) 한상훈 선생께서는 위기의 옹기를 오늘날까지 우리 곁에 있게 하신 분이다.

몇 해 전에 사회변혁운동을 했던 이들을 자연염색을 공부해 보자고 한선생님께 소개했드랬다. 첫날 밤 내가 그랬다. "여기에는 우리 전통문화가 아주 많이 챙겨져 있어요. 그걸 얻어가려면 그만한 대가를 치러야만 해요. 짧은 기간에 얻으려면 강도짓이나 도둑질을 해야 하는데 강도짓은 어림없는 곳이에요. 그러니까 '나 죽었다' 하고 자기 볼일만 봐요. 아 도둑놈이 어디 가서 자기주장하는 거 봤어요? 그저 소리소문 없이 자기 볼일만 보고 가야지요." 그래놓고 그걸 사유화하면 진짜 도둑놈이 되는 거고 공유화하면 명분과 의미가 있지 않겠느냐고 말했다. 엄밀히 그것은 나에게도 해당되는 소리였다. 요즘 내 꼴을 보면 좀도둑이 사소하다 싶은 거 하나 슬쩍했는데 그 속에 주먹만한 다이아몬드가 들어 있더라는 꼴이다. 그래 그걸 감당 못해 우왕좌왕하는 형상이다.

태풍이 몰아온 비가 세차게 오기에 하관식을 할 때 몇 사람이서 비닐포장을 펴서 들고 있었다. 지금쯤 저 위에서 한선생님은 "이놈들 고소하다" 하며 술잔을 기울이고 계실 거란 생각에 절로 웃음이 나오는데 누군가가 그랬다. 이 비바람도 다 그 양반 짓일 거라고. 살아서 심통이더니 가는 날까지 심통이라고.

이제 맑을 징(澄) 빛 광(光), 징광 한상훈 선생은 맑은 빛으로, 천지만물로 본래 그 자리에서 그냥 그대로 허허 웃고 있는데, 이놈은 우물쭈물 뭐 마려운 강아지꼴이다. 나는 아직 죄인이다.

사람은 가도 그릇은 남는다

제 잘난 맛에 사는 사람이 있다. 특히나 기능을 가진 사람에게 그게 더하다. 세상에서 별 대접을 못 받는 직종이었지만 옹기장이 세계에도 그런 게 있다. 아니 더 심했다 해도 틀린 말은 아니리라. 그런데 특출난 데에는 어쩔 수 없나 보다. 손내 사람 박동순이란 옹기공이 바로 그런 사람이었다. 내 그이에 대해 들을 때마다 떠오르는 영상이 있다. 바로 호남제일문이다. 동네 어른들이 그이에 대해 얘기하면서 끝에 늘 "아무튼 호남 제일인게" 하는 소리 때문이리라. 호남을 찾을 때 호남제일문 가랑이 사이를 지나야 했듯이 누가 옹기일을 좀 잘한다 싶으면 그이에게 견주게 되었고, 결국 그이는 누구도 못해 본 호남 제일이었다 한다.

그이가 손내를 떠난 건 십삼 년 전이라 한다. 내가 손내 들어오기 오 년 전에 떠난 것이다. 경기도 성남으로 가 어디 수위 일을 한다고 했다. 나는 일 년에 몇 번 차에서 우연히 만나게 된다는 이에게 소식을 전해 들으면서 한 번 찾아뵙고 손내로 모시고 싶어 연락처를 좀 알아봐 달라 부탁했었다. 그러다 뜻밖에 그이의 부음을 들었다.

그이는 손내를 막 벗어난 망볼재 양지바른 곳에 묻혔다. 가마 옆에 묻히면
어떨까 싶어 동네 어른께 여쭸다가 여러 가지 번거로움 때문에 관뒀다. 이
제 그이는 전설이 되었고 옹기의 끄트머리를 붙들고 있다고 생각해 온 나
는 허탈감이 컸다.

다른 동네를 다닐 일이 있어 겸사겸사 장독대의 그릇들을 관심 있게 보면
젊은 사람이 어찌 그릇을 그리 보느냐 묻는다. 그래 그릇 만드는 일을 하
고 있다 하면 "이게 다 손내 그릇이야" 하신다. 그렇다. 사람은 가도 그릇
은 남게 되는 것이다. 이제는 내 마음속에 미련과 함께 간직했던 그이를
떠나 보내야겠다. 호남 제일 옹기공이시여, 안녕히 가소서.

화해와 치유의 능력

옹기전 첫날 손님들과 친구들이 자리를 함께하게 되었다. 뭔가 알 수 없는 답답함 때문에 밖으로 나왔더니, 평소 세상을 참 맑고 건강하게 산다고 여겨지는 이가 애를 데리고 이미 나와 있었다. "아, 참 그게 좀 그렇네에……."

다음날 갤러리 안선생께서 "어제 친구분들 고향 친구세요?" 하시길래 "아니오. 사회 친구예요. 어찌 물으세요?" 했더니, "왜 그런 거 있잖아요. 묘한 분위기. 어찌 좀 무서운 거……."
그러고 보니 친구들은 대개가 운동권 출신들이고 갤러리 손님 중에는 전·현직 장관 사모, 무슨무슨 그룹 회장 사모…… 이랬다.

그 가운데 옹기그릇이 있었던 것이다.

처음 묵은 신문을 변소에 들고 갔을 때는 읽을거리로 가져갔던 건데 점차 밑닦이로 쓰였다. 야금야금.

'오에 겐자부로'라고 일본 사람인데 노벨문학상을 받았다며 인터뷰를 한 기사. 그 기사가 최후로 남았다.

"예술은 화해와 치유의 능력이 있어야 한다"는 요지의 내용이었다. 그 말에 그 양반의 사진이 박힌 걸로 도저히 밑을 닦을 수 없었다.

예술이다. 아니다. 그런 게 아니어도 우리가 만든 물건 또한 그랬으면 하는 맑은 욕심과 이 세상이 뭔가 뒤틀렸다는 말에 공감했기 때문이었다.

지금 불 앞에 앉아 있다. 잠을 이겨내야 하기에 라디오를 틀어놨는데 좋은 말이 나온다. 늘상 좋은 말만 해대니 맨날 그게 그거처럼 들리던데 오늘은 확 들어오는 말이었다. "부부 사이에는 애정보다 이해가 앞서야 한다."

'사랑해'보다 '미안해'하는 화해의 능력이 앞서야 한다는 말이었다.

일본 사람 말이나, 라디오에서 한 말이나 이 옹기쟁이한테는 그런 물건을 만들라는 소리로 들렸다. 우리가 만드는 물건이 화해와 치유의 능력을 가져야 한다는 걸로 들렸다.

바람난(?) '송흰둥'과 개밥그릇

손내에 '이바둑'이라는 암캐가 있었다. 그 바둑이가 작년 가을 신랑 '송흰 둥'을 맞이하여 새끼 다섯 마리 낳았드랬다. 그 전에 흰둥이란 놈이 앞동 네 음지뜸 절집 사는 '깜순이'하고 눈이 맞아 거의 그 집 가서 살다시피 하 다가 가끔 다니러 오더니 절집 스님이 출타하자 깜순이를 데리고 아예 들 어와 버렸다.

그러면서 바둑이의 시샘이 이만저만이 아니었다. 새끼를 낳고서는 더욱 사나워져 깜순이만 보면 물었고 흰둥이까지 밥을 못 먹게 했드랬다. 그리 되니 깜순이는 물론 흰둥이까지 눈치 보는 버릇이 생겼다. 이렇게 본각시 의 심사가 고약해지자 스님께 깜순이를 데려가라 청해서 그 동네 시우양 반이 잡아갔는데 애들 표현을 빌리면 '얌냠'했을 거란다.

그리 되자 '송흰둥'이가 딱한 처지가 되었다. 작은각시는 없어지고, 본각 시는 눈치 주고, 새끼들은 외면하고, 그러다 '이바둑'이가 새끼들 젖을 떼 게 되고 우리가 흰둥이를 이뻐하자 둘 관계가 회복되면서 밝아지게 되었다. 그런데 강아지들이 하나씩 죽어갔다. 그리고 그들의 행위 반경 안에 김장독이며 간장, 된장, 고추장들이 있는데 상태가 점점 나빠졌다. 짐승들의 세계라 나와 무관한 듯 방관하다가 강아지들의 죽음과 발효식품들의 상태가 나빠지고 있음을 알고는 '아차' 싶었다. 그래 살아남은 강아지에다 아침저녁으로 명치에다 쑥뜸을 떠주어 다시 건강하게 되었다. 흰둥이와 바둑이가 장난치며 어울리고 새끼가 졸졸 따라다니는 화목한 형상이 되었고 장맛은 다시 돌아왔다.

그러다 승랑스님께서 '보리'라는 강아지를 고창에서 데려다주었다. 그놈을 전주 아파트에서 이틀 간 데리고 있었는데 어미 떨어져 그런지 낑낑대싸니까 "너 손내 가면 좋은 옹기그릇에다 밥 먹는다, 너 손내 가면 좋은 옹기그릇에다 밥 먹는다" 하시며 달랬다 한다. 그래 그 말이 거짓말이 안 되게 하려고 개밥그릇을 근사하게 빚었다. 그것도 두 겹으로 빚어 가볍지도 무겁지도 않게 하였다. 대개 개밥그릇 하면 이빨 나간 그릇이기 쉬워 이 물건이 달리 쓰일까 봐 아예 투각으로 "이것은 개밥그릇"이라 새겨 넣기까지 했다.

사람들은 나더러 각시고생을 어지간히 시키는 사람이라 한다. 그러면 나는 이리 말한다. "현배각시는 좋겠다, 현배각시는 좋겠다." 어찌 그리 말하느냐 하면 "아, 옹구쟁이 신랑 만나 좋은 그릇 실컷 쓰니 좋죠" 한다. 그러고 보면 세상에 좋을 것도 나쁠 것도 없다. 관공서나 공공장소의 재떨이로 쓰이기 일쑤고 개밥그릇 취급받던 옹기그릇이 오늘날에는 숨 쉬는 그릇이니, 무공해 질그릇이니, 몇 대째 옹구쟁이니 하면서 행세하는 세상이 된 것도 그렇다.

그래서 지난 옹기전 때 장독대 한쪽에다 '이것은 개밥그릇'을 놔봤던 것이다.

옹기골의 처녀 하나, 총각 하나

작년 이맘때였다. 옹기일을 배워보겠다고 찾아온 사람들이 있었다. 그 중에 처녀 하나, 총각 하나가 손내 식구가 되었다. 총각은 충북 음성 사람으로 스물일곱 살인데 항해를 하다 왔다 했다. 꼭 옹기쟁이가 안 되더라도 오랜 기간 배 타는 일을 하였기에 옹기일이 육지 생활에 도움이 될 거 같다 했다.

처녀는 경남 마산 사람으로 스물여섯 살인데 여상을 졸업하고 한 직장에서 칠 년 동안 근무하다 그만뒀다고 했다. 본래는 긴 머리였고 치마 입고 살았는데 손내에 올 때 숏커트 머리에 청바지 차림이었다.
이렇게 총각 하나, 처녀 하나가 손내의 새 식구가 되어 함께 살게 되었다.

그네들이 처음 왔을 때 시루나 밥통 같은 푸레그릇을 굽는 연기 먹이는 가마를 짓고 있었다. 그리고 그걸 다 짓구서 칸가마 큰 걸 짓게 되었다. 그 기초 다듬는 일을 그네들에게 시켰다. 항해사 출신의 총각은 땅파기를 잘했고 수평자와 길이자를 잘 다루었다. 경리과 출신의 처녀는 셈을 잘하여 흙벽돌의 쓰임에 요모조모 깔끔하게 잘 대처했다.

처음 해보는 일이라 몸보다 마음이 더 가기에 더디지만 그런 자세를 이런 사람은 이미 잃었기에 기초 다듬는 일을 굳이 그네들에게 시켰다. 그러고는 내가 붙어 흙벽돌로 몸을 이루며 가마를 사렸다. 그 작업의 처음에는 서먹서먹한 까닭인지 자기 할 일만 하더니 가마를 사리게 되어 보조 노릇을 하게 되면서는 힘이 필요한 일은 총각이, 꾀가 필요한 일은 처녀가 하는 역할 분담과 서로에 대한 배려가 생겼다. 아무래도 두 사람이 사이가 심상치 않더니 가마 짓는 일이 끝나갈 때는 처녀 총각이 어쩌고저쩌고 하는 사이가 되었다.

먼저 총각이 떠났다. 그리고 나서는 처녀가 생각이 많아졌다. 조용히 불러 이렇게 얘기했다. "두 사람 성향으로 봐서 도회지에서 살기가 쉽겠다. 시골 생활이나 흙일에 대한 동경은 도회지 생활에 능숙한 까닭에 균형감을 갖고 싶은 갈증 같은 데서 오는 것 같다. 나중에 일부러 다시 경험 삼아 할 수 없는 일이니 이참에 이 일을 더 알고 떠나는 게 좋겠다. 이만큼에서 그만두면 미련이 남고 다시 시작할 때 새잽이가 되어 더 많은 대가를 치러야 할 거다."
그러겠노라며 며칠을 지내다가 결국은 떠나야겠다고 했다. 충청북도 청주에다 살림을 차리기로 했다 하여 아내는 꼭 딸 시집보내는 기분 같다며 살림살이에 요긴한 그릇들을 챙겨 보냈다.

새 집에 창을 크게 두고 창살로 그 큰 면을 나눴다. 그네들이 이미 한 면을 차지했었나 보다. 허리 아픈 병으로 누워지내며 창 밖 세상을 보다가 문득 그네들이 떠오른다. 그네들에게 손내는 무슨 의미일까. 이 사람은 이렇게 이 몸을 하고 있는데, 그네들에겐 그냥 한번 스쳐 지나가는 그런 곳이었나. 무심한 사람들.

루까 수녀님께

오늘 일을 가만히 적어볼게요. 수녀님하고 통화하고 나서 다시 가톨릭 신문을 보면서 누룽지를 끓여 간장하고 먹고 있는데 이바둑이가 짖어싸서 "이크, 손님이 왔나 보다" 하구서는 밖을 보니 어떤 스님이 오셨더군요. 해인사에서 오셨다 하는데 막둥이하고 통성명을 하면서 막둥이가 "이바우예요" 하니까 "어, 나는 돌대가리 석두야" 하며 반가워하시더군요.

그때 마신 잎차가 여태껏 깨어 있게 한 거지요. 스님이 가시고는 일하다가 감기 끝에 얻은 귀앓이 때문에 병원을 가게 되었는데, 차 카세트에서는 인천 용화선원 진강스님의 "이 뭐꼬?" 하는 화두에 대한 말씀이 나왔어요. 그래 다시 루까 수녀님을 생각했지요. 병원 갔다 와서 다시 물레를 차는데 물레가 빙빙 잡아도니까 사람 생각 또한 빙빙 잡아도는 거예요.

우리가 고등학생 때였는데 수녀님은 이 사람한테 "야, 너는 왜 고무신을 신냐?" 했어요. 수녀님은 아마 그 일을 잊어먹었을 거예요. 하지만 이 사람은 여태껏 그 말을 기억하고 있어요. 그날 이후 "나는 왜 고무신을 신을

까?" 하는 의문을 줄곧 가져왔었거든요.

오늘도 해인사 석두스님이 작업장을 한번 보고 싶다고 하여 함께 나갔는
데, 이 사람 신발, 고무신을 보더니 "고무신이네요?" 하는 거예요. 스님은
랜드로바를 신었고요. 그래, "물레일을 하는 데는 고무신이 제일 좋아요"
했어요. 고등학교 졸업하고서 재수시절에도, 대학시절에도, 방위시절에
도, 직장시절에도, 그리고 옹기쟁이 시절까지 줄곧 고무신을 신었어요. 그
간 구두라고는 두세 번 사 신었으니 고무신을 많이 신었지요.

돌이켜 생각해보면 수녀님도 참 당돌한 여학생이었어요. 그런 말을 할 줄
알았으니 말예요. 그때는 수녀님께 왜 고무신을 신는지 밝히지 못했지요.
왜 신는지 몰랐거든요. 그러다가 옹기일을 붙들고 나서야 알았어요. 이제
는 수녀님도 이 사람이 고무신을 신고 있는 걸 본다면 굳이 왜 신느냐고
묻지 않아도 될 거예요.
이 사람한테는 고무신이 맞아요.

북도에 김봉수, 남도에 심봉수

옹기공 세계에 '북도에 김봉수, 남도에 심봉수'라는 얘기가 있다. 남도 사람 심봉수는 벌교 태생으로 손내에서도 꽤 살았다 하는데 내가 손내 오기 전 돌아가시어 뵙지 못했다. 북도 사람 김봉수는 얼핏 무주 태생이라 들은 것도 같은데 정확하지는 않고 손내 사람으로 살았다.
'두 봉수'가 꼬장을 부리면 누구도 어쩌지 못해봤기에 '봉수' 얘기가 나오면 굳이 설명하지 않아도 알아먹을 정도로 유명했나 보다.

얼마 전 그 봉수양반(김봉수)이 돌아가셨다. 가마 끝통을 고치느라 굴 속에서 사리고 있을 때 평지 살면서 약초 캐러 다니는 욕할머니가 뒷산에 가려다가는 "아고, 봉수양반이 죽게 됐어. 봉수양반이 죽게 됐어" 하는 거였다. 믿기지 않는 얘기였다. 올봄에 칠순잔치를 하긴 했지만 열 살 아래로도 봐지는 양반이었다.

이런 세계에서 솜씨 좋은 사람들을 보면 뭔가가 있는데, 그걸 어른들 표현대로 옮기자면 '곤조'이다. 봉수양반을 두고 그렇게들 얘기했다. "솜씨는 좋은데 곤조가 있다"고.

그래 식구들이 이십여 년 전에 옹기일을 놓게 하고서 집에 들여앉혀 버렸다. 칠동양반이 품삯 받는 일을 하러 와서는 일이 굼떠서 재촉을 했더니 "남의 일 가서 땀나면 죽는단 말이시" 했는데 봉수양반은 한술 더 떠서 '당신 일도 땀나면 죽는 양반'이었다. 그렇게 일을 무서라 했다. 그래 그 부인께서 그 뜻을 받아 살자니 고생이 많으셨던 모양이다. 그러면서도 봉수양반의 죽음을 가장 슬퍼하셨다. 그 슬픔을 동네 아주머니는 이렇게 위로했다. "고만 울어, 고만 울어. 잘 살다 간 거여. 세상에 그런 팔자 없어. 동네 남정네들이 두고 쓰는 말이 있어. 자기들도 봉수양반 같았으면 좋겠다고 다들 부러워했어……."

항상 주머니 많은 낚시용 조끼를 입고서 어디든 백 미터도, 백 리도 오토바이로 움직이며 세상을 참 가만가만 사셨다.

올 정초에 급히 쫓기는 물건이 있어 회관에서 주무시는 양반을 깨워 일 한 번 해보자 했더니 뜻밖에 물렛간에 앉는 거였다. 하루 반을 해보시고는 허벅지에 태가 나서 그만두게 되었다. 나는 그때 물렛간에 앉아 물레를 차던 모습을 보기 좋게 기억하고 있다. 그리고 당신께도 보람이 되었으면 해서 빳빳한 새 돈을 구해 하얀 종이에 싸서 봉투에 넣어 드렸다.

"수고하셨습니다. 이현배 드림."

서리가 내리고 아침저녁으로 제법 추운 날씨가 되었다. 난로 연통에서 나는 연기 따라 오셨다가 불을 쬐면서 옛날 애기며, 옹기일에 이런저런 코치도 해주셨드랬는데, 올 겨울에는 난롯불이 괜히 저 혼자 타고 있기 쉽겠다.

진안에서 살기

내가 진안에 처음 와본 것은 고등학생 때인데 몇 학년 때인지는 모르겠다. 오백 원을 가지고 가출(家出)이란 걸 해갖고 무작정 차를 탔는데 진안서 내려야 했다. 그리고 남은 돈으로 또 차를 탄 것이 운일암 반일암 가는 차였는데 거기까지 못 가고 내려야 했다. 날이 어두워져 어떤 골짜기로 찾아들었다가 기도원 비슷한 곳이 보여 하룻밤 신세를 지고는 날이 밝기 전에 길을 나섰다. 걷고 또 걷다가 동이 틀 무렵 물안개가 낀 다리 앞에 다다랐다. 새로 놓은 다리에는 오색 테이프가 걸려 있었다. 아마 준공식이 그날이었던 모양이다. 그 오색 테이프를 넘어가기가 쉽지 않았다. 그래 그걸 걷어내고서 그 다리를 건넜다. 혼자서 준공식을 한 셈이었다. (사 년 전, 오 년 전, 가족들과 함께 무릉리를 다녀오는 길이었다. 처음 길이라 돌아오면서 다른 길이 궁금해서 옆길로 들어섰는데 다리를 건너자니 기분이 묘해지는 거였다. 그래 가만 생각해 보니 고등학생 때 건넜던 그 다리였다. 혼자 웃다가 '세상에 처음은 없구나' 싶었다.)

구십삼년도 손내로 이사하여 진안서 살게 되었다. 그리고 일 년 정도 지나

마이산엘 가보게 되었다. 그것도 손님께서 함께 가자 해서 가게 되었다. 어려서부터 차창 밖으로 무수히 봤기에 늘 궁금했으면서 그제야 가본 것이었다. 놀랍고 좋았다. 하지만 진안서 살자니 마이산이 불편해지기 시작했다. 사람들이 진안서 산다 하면 불쑥 마이산을 꺼내드는 거다. 진안이 진짜로 편안해서 진안인데, 그래 사는 게 편안해야 하는데, 마이산의 기이함이 사는 사람의 일상을 누르는 형상이 된 것이다. 내 옹기장이로 생활문화가 담긴 그릇을 만들고 싶은 것인데, 마이산의 기이함은 물레의 원심력 밖이다.

문화란 무엇인가? 예술이란 무엇인가? 없는 게 있는 것이 문화요 예술이리라. 있는 게 있는 것은 문화가 아니다. 예술이 아니다. 관광객들의 눈요깃감이 되어버린 마이산. 그 마이산을 다시 사는 사람의 일상으로 끌여들여 사는 삶의 진정성을 회복했으면 좋겠다.

곰발바닥과 무국

경남 산청에서 흙을 싣고 밤늦게 왔는데 아내가 마중 나와 있었다. 태풍이 오고 있다는데도 밤하늘은 고요하고 별은 쏟아질 듯 많기도 한 밤이다. 밭가에 수숫대가 표정 있게 서 있는데다 그 그림자가 기어이 한 마디 하게 한다. "좋다. 참 좋다" 아내가 "정말 좋죠?" 하면서 "우리 집 좀 봐요. 그림이죠?" 한다. 이런저런 풀과 나무들의 그림자가 그려진(?) 우리 집이 참 좋다. 아니 우리는 같은 곳을 보았지만 같을 것을 보지는 않았다. 아내는 풀과 나무 사이의 하늘을 좋아하고 나는 그 나무가 드리운 그림자를 좋아한다. 아내는 그림을 그릴 때 꼭 나무 사이의 하늘을 그렸고, 나는 밤에 나무가 드리운 그림자를 보면 그림쟁이가 되고 싶은 생각이 불같이 생기곤 한다.

아내가 "십 년 전으로 돌아갔으면……" 한다. "십 년 전? 십 년 전이면 당신 언제 때요?" 했더니 "대학 사학년 당신을 처음 만났을 때요" 한다. 우리가 처음 만났을 때 아내는 졸업작품과 졸업시험을 앞두고 있었다. 졸업작품을 끝내고 아내는 오늘 같은 시각에 나에게 이런 질문을 했다. "졸업시험에 '문화와 사상'이란 과목이 있는데 '예술인의 사회적 역할'을 묻는

문제가 있었어요. 현배씨는 예술인의 사회적 역할이 뭐라고 생각하세요?”
참으로 당돌한 여대생이다. 왜냐하면 상대가 쪼쟁이(직장에서 점잖게는
chocolate man이라 했지만 별칭으로 쪼쟁이라 했다)이니 말이다.
현배씨는 이렇게 대꾸했다.

“나, 문화니 사상이니 그렇게 거창한 거 몰라요. 내가 조리를 전공한 사람
인데 이런 것은 있어요. 그 귀하다는 곰발바닥 요리나 흔한 무국이나 재료
가 귀하고 천한 게 중요한 것이 아니라 제대로 조리되어야 한다는 거예요.
그래 제대로 조리되어 제 맛을 내면 한 밥상에 같이 놓일 수 있지요. 곰발
바닥이 귀하고 값진 재료라고 해도 제 맛을 못 내면 상에 오를 수 없고요.
같은 식으로 우리 사회가 예술인이면 그 자체가 뭐가 되어 그게 행세고 방
편이기 쉬운데 그럼 안 되지요. 예술인의 역할까지는 모르겠어요. 아니,
예술인 스스로는 알 거예요. 무엇이든 먼저 남보다는 자기가 먼저 자기를
알 수 있잖아요. 안다고 하는 자신에 충실하면 우리 사회가 더욱 아름다워
질 거예요.”

IN.RI

무슨 영화를 보았다고

나는 언젠가부터 "나에게는 다 있다" "이 땅에는 다 있다"고 생각하게 되었다. 내가 이런 생각을 하게 된 것은 분명 무엇이든 내 안에서 찾아야 하고 해결해야 하는 건데, 자꾸 밖에서 찾으려 하고 해결하려고 하는 게 있어서였다. 같은 식으로 내가 몸을 두고 살고 있는 이 땅에서 만사를 풀어가야 삶의 진정성을 회복할 수 있으리라는 생각도 하게 된 것이다.

나무에 물이 오르고 꽃이 피고 새가 우니 잔치가 많다. 지금 당장 밥 먹고 똥 싸고 하는 것에서 즐거움을 찾고 싶어하는 나는 별스런 잔치를 별로 좋아하지 않는다. 다만 전주국제영화제 때 전시회를 하자는 얘기가 있어 준비를 좀 해야 했다. 그래 물건 몇 가지에다 영화제 얘기를 쓰느라고 "무슨 영화를 보았다고"라 썼다. 그 일로 가깝게 마이산에서 피고 지는 벚꽃을 못 보고 말았는데 전시공간 관계로 전시회가 없었던 얘기가 되었다. 그래 그 물건들이 내 안에 남게 되어 내 하는 일의 끄트머리가 "무슨 영화를 보았다고"가 되었다.

어제 내 사는 아래뜸 건너인 음지뜸에다 밭을 좀 얻어 거름을 냈다. 동네 사람들이 말이 많다. 옹구막 사람들이 농사를 짓는다는 게 아무래도 미덥지가 못하다. 어떤 이는 자갈을 골라내라 하고, 어떤 이는 자갈이 오줌 싸서 오히려 농사가 잘 되는 법이라고 하고, 어떤 이는 사먹는 게 오히려 싸다고도 한다. 같이 일하는 재호양반이 팔 년 전, 구 년 전 옹구막이 문 닫게 돼서 농사일을 붙들었더니 동네 양반들이 그렇게 놀리더라면서 당신마저 기어이 한 마디 한다. "무슨 영화를 보겠다고."

바람 쐰다고 신암리 골짜기에 갔드렸다. 애초에 자리잡고 싶었던 골짜기다. 사실 손내는 지나던 길이었다. 결국 못 들어가고 주저앉은 셈이 된 것이다. 언젠가는 들어가리라 했드렸는데 길을 내면서 파괴되어 이제는 미련이 된 그런 곳이다. 밤늦게 엎드려 아내와 그 골짜기 얘기를 하다가 우편물로 온 아내의 동창회 책자를 보게 되었다. 아내를 찾으려는데 성경책 두께에서 찾자니 얼른 찾아지지 않는다. "여기다" 했더니 "어디?" 하며 보더니 "어머, 내가 제일 후진 곳에서 사네" 한다. 외국 나가 사는 사람이 많고 거의 서울이고 아파트고 그랬다. 그래 골짜기 얘기가 쏙 들어가고 반듯이 누워 "무슨 영화를 보겠다고" 하면서 "나는 손내가 좋다" 한다.

이제 좀 잠잠해졌는데 꽃피고 새가 우니 세상이 온통 잔치다. 지방 자치제가 시행되고 나서는 잔치가 꼭 해야 하는 행사처럼 되어 이 고을 저 고을

이 모두 잔치투성이다. 시각디자인을 하는 친구가 장수군청엘 갔더니 잔치를 하나 만들려고 여러 개를 뽑아놓고 어떤 게 좋겠느냐며 묻더라는 거다. 그러면서 나에게 또 묻는다. 그래 내가 그랬다. "나는 다 싫다." '잔치 없는 잔치' 그게 장수라는 곳에 적합하다. 그래 '조용한 장수'였으면 좋겠다 했다. "무슨 영화를 보겠다고" 그렇게들 잔치를 해쌌느냐고도 했다.

아내가 두고두고 쓰는 말이 있는데 "연애할 때 영화 보러 갔더니 잠만 자더라"는 거다. 아내는 이미 본 것을 그 감동을 공유하고 싶어 작정하고 보자 했던 것인데 나한테 영화란 어려운 과목이다. 그래 이번 전주영화제에 영화 볼 엄두가 나지 않았다. 그러다 시나리오를 쓰게 된 소영씨가 다니러 오고 서울 유선생께서 영화제 때문에 휴가 겸 출장을 얻어 전주서 보자 하신다. 말하자면 영화인들 덕에 영화를 보러 가게 되었다. 하지만 여전히 영화가 어렵다. 빈센트라는 카페가 중간 거점이 되어 정신 없이 보러 다니는데 뭘 볼 거냐고 묻는다. 그래 "안 보는 것도 재밌겠다" 하며 표를 썩이고 빈센트에 가만히 앉아 노래를 들었다. 그러면서 스스로 그랬다. "무슨 영화를 보겠다고." 그리고 잔치가 잔치인 거말고 사는 게 잔치고 영화가 영화인 거말고 사는 게 영화였으면 하는 바람을 갖게 되었다. 그래 이 땅에서 오늘을 산다는 게 기쁨이고 의미였으면 좋겠다. 우리 모두 다.

www.놈.co.kr

나는 여전히 컴퓨터를 쓸 줄 모른다. 그렇지만 ' · '(점)을 갖고 싶다. '떠블유 떠블유 떠블유 쩜(www.)' 하는 거 그런 걸 갖고 싶다. 누가 명함을 만들어준다고 하길래 그걸 좀 폼으로 넣어달라 했더니 안 될 일이라 한다. 법적으로 문제가 되느냐 다시 물었더니 그런 것은 아니지만 사람들한테 혼란을 줄 수 있다 한다. 그러면서 어찌 ' · '(점)을 넣으려 하느냐 묻는다. 그래 "내가 본래 ' · 놈(점놈)'이라서요" 했다.

어제 밥상머리에서 손내 사람들끼리 그 얘기가 나왔다. 아내가 방학 중에 학교에서 인터넷 교육을 받게 되었다 하니까 그게 뭐냐 하다가 '떠블유 떠블유 떠블유 쩜(www.)' 얘기가 나온 것이다. 내가 그랬다. "그놈들이 다 '점놈'인 거예요", "드디어 점놈들이 행세하는 세상이 된 거예요", "어때요, 우리 점사람들이 드디어 빛보는 세상이 온 거 같지 않아요?"

새해, 한 세기가 보태지고 새 천년이 주어진 세상은 이 ' · '(점)에서 출발할 거 같다고들 얘기한다. 그렇다면 우리 옹기점 사람들은 준비된 사람들이다. 이젠 당당하게 말할 수 있으리라.

너 광수?

나 점(·)놈!

옹기점(店)과 옹기전(廛)

길 가다가 마을 이름이 '점촌'이란 마을을 더러 보았을 것이다. 점촌은 옹기그릇이나 사기그릇을 구웠던 곳이다. 그렇게 남아 오늘날까지 이어져온 마을보다 아예 없어진 마을이 더 많은데, 그것은 옹기일이 흙과 나무를 많이 쓰는 탓에 아예 흙 찾아 나무 찾아 점을 이뤘다가 흙과 나무가 바닥나면 다시 떠나기가 쉬웠기 때문이다. 그리고 옹기일을 '점일', 옹기장이를 '점놈'이라 부르며 일반 신분에도 훨씬 못 미치게 업수이 여긴 탓에 그이들이 모여 이룬 마을에 비록 그 일이 끊겼다 하더라도 굳이 들어가 살려고 하지 않았기 때문이다.

옹기일에서는 만드는 곳을 '점'이라 하고 파는 곳을 '전'이라 한다.

아름다운 사람, 아름다운 세상

지난 '봄그릇전' 때 서울 정릉에서 잠을 자고 대학로로 해서 남산 장충단 공원을 지나 동호대교를 타려고 진행하자니 금호터널을 지나야 했다. 출근 시간이라 차량이 많아 가다 서다를 반복하다가 무심코 눈을 멀리 두니 산을 도배하듯 빽빽하게 들어선 아파트가 보였다. 특히나 오른쪽으로는 육중한 한 덩어리의 아파트가 있었다.

그 뒤로 비 온 뒤의 맑게 갠 하늘 탓이었을까? 모든 게 아름다워 보였다. 여고생들의 재잘거림 같은 산뜻함이 있었다.

십칠 년 전 재수시절 서울역에서 내려 남산도서관에 가자면 가로막는 게 있었는데 대우빌딩이었다. 그래 친구에게 자주 했던 얘기가 "내 이담에 돈 많이 벌어 저걸 사가지고 팍 부숴버리고 저 자리에다 초가집 짓고 살련다" 했드랬다. 같은 식으로 아파트에 늘 답답해했다.

그런데 그게 아니었다. 화랑에 막 도착해서 늦어서 미안하다 소리보다 아파트가 그리 아름다운 건물인 줄 몰랐었다는 소릴 먼저 하게 되었다. 내

애길 듣고 의아해하길래 덧붙여 이리 말했다.

"아, 아파트가 저 스스로 생긴 게 아니잖아요. 하늘에서 툭 떨어진 게 아니잖아요. 생길 만하니까, 생겨야 하니까 생겼단 말이죠. 사람에 의해서 말입니다. 그런데 저는 그 동안 적대시해 왔어요. 오늘사 알았는데 그게 아니더라구요. 사람은 언제나 옳아요. 같이 살자는 거였어요. 그런 식으로 짓지 않았다면 도시에서 어떻게 같이 살 수 있겠어요. 사람은 언제나 옳아요. 거기에다 이런 거 저런 거를 조금만 곁들이면 아주 질 좋은 삶을 살 수 있다고 봐요. 제 보기에는 옹기가 할 역할이 좀 있을 테고요. 사람들은 아파트에 살다 보니 옹기가 필요없다 하는데 오늘 제 눈에는 옹기가 놓여야 할 자리가 아파트로 보였어요."

가만. 내 옹기 팔아먹자는 궤변인가.

이제는 아파트 발코니 너머 철제 선반에 진드기처럼, 할머니 앞가슴의 건포도처럼 흔적같이 빌붙어 있는 옹기항아리들이 대견해 보인다. 대단해 보인다.

무거 로터리

울산에 다녀왔다. 남창리 외고산 옹기점엘 가자니 울산으로 가야 했다. 교과서를 통해 익히 봐왔지만 실제 가보기는 처음이었다. 손내 살다가 외고산점으로 이사간 해운이 양반이 지난 가을 외고산점 사람들하고 관광을 왔다. 남창리 외고산점이라면 유일하게 집단적으로 옹기점이 남은 곳이라 가보고 싶던 참이라 다녀가며 준 명함을 들고 찾아 나서게 된 것이다.

외고산점도 이미 기계화·현대화로 가고 있었지만 한쪽으로는 영세하나마 옛 모습을 간직하고 있어 보기 좋았다. 하룻밤 자고 가라는 것을 동행한 아내가 울산서 살고 있는 친구와 만나기로 하여 나서야 했다.

전화로 약속한 장소가 '무거(無居) 로터리'였다. 찾아가 보니 이미 지났던 곳으로 처음 지나면서도 "와, 이거 무지 재밌는데!" 했던 곳이었다. 다시 무거 로터리를 거의 한 바퀴 돌아 그 무거 로터리가 훤히 보이는 커피숍에 자리잡고 앉았다. 이름도 근사한 무거 로터리. 말 그대로 정해진 거 없이 알아서 적당히 그때 그때 상황 따라 자기 길을 가야 하는 곳이었다. 길바닥에 하얀색 스프레이로 그려둔 사고 표시가 많았는데, 어릴 적 즐겁게 놀다가 생긴 상처 딱쟁이로 보여 오히려 보기 좋았다. 아내 친구 애기로는 울산시에서 신호등을 설치했다 뜯었다 몇 번 반복하다가 다시 뜯었다는 거였다. 나는 반사적으로 변명처럼 "가벼운 접촉사고 정도겠고만요" 했다. "인사 사고가 아니라면 감수해도 되는 사고가 아니겠냐"고도 했다.

요즘 「꽃잎」의 이정현씨가 "바꿔! 바꿔!" 하는 노래로 인기라 한다. 선거가 가깝다 보니 뜻이나 이해관계가 맞는 쪽에서 선거 로고송으로 쓴다고도 하니 더 자주 듣게 될 것 같다. 스스로 '극보수주의자'라 하지만 어제와 오늘이 다르고 이 순간 순간이 또 다르다는 걸 아는 사람으로 어찌 '변화'를 바라지 않겠는가. 그러니 바뀌어야 한다는 것에 백 번 공감을 한다. 다만 어떻게 바꿀 것인가 하는 방법에 있어서 '냅둬' 보자고 하는 것이다. 산다는 거 자체가 이미 변화요 진보인 것을 거기에 또 무슨 구호가 보태지면서 오히려 되돌려놓은 걸 많이 보아온 우리가 아닌가. 천하에 구정물도 가만두면 저절로 가라앉을 놈 가라앉고 뜰 놈 떠 맑아지는 것을.

남창리 외고산점 사람들은 손내에 오셔서 "옹기가 이리 가야 하는데……" 하셨다. 하지만 나는 남창리 외고산점을 돌아보고는 무거 로터리에서 "나는 왜 옹기를 가만두지 못했나" 하는 자책을 하게 되었다. 그래 요즘 내 노래가 "냅둬! 냅둬!"가 되었다.

밥과 똥 사이, 똥과 밥 사이

돈은 구리다. 구린내다. 똥은 구리다. 구린내다. 돈은 똥이다. 똥은 돈이다.

지난 옹기전 때 우진문화공간을 찾아 올라가는 길에 합수독아지와 밥상을 설치했드랬다. 하나는 합수독아지 위에다 밥상을 두고, 또 다른 하나는 밥상을 합수독아지 아래에다 뒀다. 옹기그릇을 밥과 똥 사이, 똥과 밥 사이에다 둔 것이다.

옹기전을 마치고 그 물건을 철수하다가 누군가 알아봐 주신 분이 계셨음을 알았다. 그 합수독아지 안에다 누군가 황금빛 나는 구린 돈을 보시해 주신 거다. 그 화답에 나는 매우 기뻤다. 사실 옛날이나 지금이나 똥은 똥이다. 그렇다고 그 똥과 이 똥이 같은 것은 아니다. 옛날에는 돈을 받고 팔던 똥을 이제는 돈을 주며 퍼주고 있지 않은가. 이웃집에 마실 갔다가도 뒤가 마려우면 조마조마하게라도 모시고 와서 내 땅에다 부렸던 것을 오늘날에는 아무 곳에다 아무렇게나 내질러버린다. 그 차이를 우리는 이미 알고 있다.

옛날에는 밥으로 돌아왔던 것이 오늘날에는 똥이 또 똥이 되어 우리 삶을 위협하고 있다.

옹기전 때 놓였던 그 합수독아지는 이 지역에서 똥을 담아온 물건이다. 그 냄새나는 물건을 난처해하는데도 굳이 뒀던 것은 이제 곧 저 아래 용담댐 물이 도회지 사람들에게 식수로 쓰이게 되기 때문이다. 이 지역 사람들의 삶의 방식이 곧바로 도회지 사람들에게 직접적으로 영향을 끼치게 되는 것이다. 그래 진안고원 사람들과 도회지 사람들 사이에 옹기그릇을 둔 것이다. 본시 그 물건이 똥을 발효시켜 다시 밥이 되게 했던 것처럼, 도시와 농촌이 더불어 사는 도농불이(都農不二)가 되었으면 좋겠다.

부활

"나무꾼이 나무하러 갔다가 똥이 마려워……" 하는 얘기, 그 얘기를 우리 집 아이들이 컸다고 그러는지 이제는 해달라는 소리를 안 하지만 한때 우리는 그 뻔한 얘기를 무수히 반복했다.

그리고 그 뻔한 얘기가 내 안에서 반복되는 걸 가만 보면서 새록새록 새로운 묘한 뭔가가 있음을 알았다. 똥이 된장이 되고 잘 먹다가 "아고! 내 똥인데!" 하는 순환성을 통해 나 또한 된장을 먹을 때마다 그 뭔가를 느끼게 되었다.

그렇다고 해서 된장이라고 다 그런 것은 아니다. 특히나 일본 된장(미소)은 아니다. 일본 된장을 먹으면서 일본 사람들은 음식을 기절시켜 먹는구나 싶었다. 일본 사람들의 그 조심성이 조마조마한 마음에 차마 갈 때까지 못 가보고 잠시 잠깐 기절시켜 놓고서는 그걸 자꾸 발효라고 우기는 걸로 보인다. 발효라는 게 어디 거기서 해결되는 거더란 말인가. 갈 때까지 가봐야, 그러니까 죽어봐야 알 수 있는 것이다. 일단 죽어서 지 본성으로 안 될 놈은 죽어서 그냥 부패고, 될 놈은 죽어서 살아 부활, 즉 발효다. 이때

죽음은 죽음이 아닌 것이다. 이 차이를 모르는 이방인들이 자기 무식으로 우리더러 썩은 음식을 먹는다 했다 하니 참으로 어이없는 일이다.

십 년 전 쪽물염색을 할 때였다. 처음 해보는 일이라 일이 힘든 것도 그랬지만, 꼬리꼬리한 냄새가 고역이었다. 그게 여러 날 반복되면서 냄새가 손에 절었는데 손이 코끝을 지나면 입 안에 침이 도는 거였다. 그러고는 그게 그렇게 좋았다. 그래 그 뒤로는 발효와 부패를 구별할 때 그 방법을 쓰게 되었다. 혀나 코끝에 슬쩍 맡아봐서 침이 고이면 살 놈(발효)이고 침이 안 고이면 죽을 놈(부패)이다. 이렇게 살 놈, 즉 부활하는 놈(발효)은 살아 있는 사람을 다시 살 수 있게 해준다. 이게 영생이니 발효음식은 바로 하늘의 이치가 담긴 것이다.

그럴 수 있는 거, 그러니까 발효, 부활하기 위해 살아서 죽을 수 있는 거, 그것도 다 믿음으로 가능한 것이니 단군의 자손으로 천민(天民)이기에 부활의 음식, 된장을 먹을 수 있는 것이다.
정말 맛난 된장은 사람을 뽕뽕 하늘나라로 보내준다. 돌아오는 삼월 삼짇날(음력 삼월 삼일)에는 우리 모두 장을 담가 본향인 하늘나라 갑시다.

맛과 멋

올 초에 엉겁결에 아주 거창한 이름의 감투를 썼다. '사단법인 두레민족 생활문화연구원 우리음식 연구소 준비위원장.' 이렇게 나는 가끔 조리를 잘할 거라는 오해를 받아왔다. 어려서부터 들일하는 어머니 대신 가끔 부엌데기 노릇을 해왔기에 부엌일에 대한 거부감이 없었고 학교에서 조리학을 공부한 것이 얼른 봐서는 그렇게 보이나 보다.

고등학교 이학년 때 무조건 상경하여 취직하려 했던 곳이 바로 자장면집이었으니 조리에 대한 의지는 일찍부터 있었고, 맛은 곧 멋이요 멋이란 기억되지 않으나 기억하고 있는 것, 기억하고 있으니 기억되지 않는, 긴 듯 만 듯 그 무엇이니 이게 바로 맛이라는 조리 미학까지 정립했던 것이다.

그런데 맛이란 게 먹어본 맛이라고, 어려서 먹어본 게 아버지와 함께 들일 나가셨던 어머니가 들에서 돌아와 아버지가 소를 외양간에 매는 등 이런저런 단도리를 하는 동안 주변에서 쉽게 구할 수 있는 재료로 후닥닥 차려내는 음식이니 대개 조리법이 단순하고 맛이 담백했다. 그러기에 나에게

는 맛이란 담백하고, 담백한 맛은 단순한 조리법에서 나오는 것이란 생각
이 자연스레 자리잡게 된 것이다. 그러니 세상에서 실패할 수밖에 없는 것
이 조리사였던 것이다.

우리 집 구조는 부엌을 통해 방에 들어가게 되어 있다. 일 마치고 들어서
면서 나는 먼저 가스 레인지 불을 끄는 버릇이 있다. 이거 때문에 아내와
가끔 다투기도 하는데, 아내는 국밥집 딸이었던 터라 무슨 음식이든 오래
끓여야 맛이 나다 보니 서로 불 가지고 시비하게 되는 것이다.

먹고 사는 일은 누가 뭐래도 중요하고 큰 일이다. 정치니, 경제니, 문화니,
사상이니 하는 게 다 먹고 사는 일에서 시작된 게 아닌가. 이것들이 근본
을 무시하고 어렵고 복잡하게 되었다. 이젠 다시 줄여나가야겠다. 줄이고
줄여서 먹고 사는 일을 다시 소중히 여겨야 한다. 산다는 게 뭐 별건가. 먹
고 사는 거다. 맛있게. 멋있게.

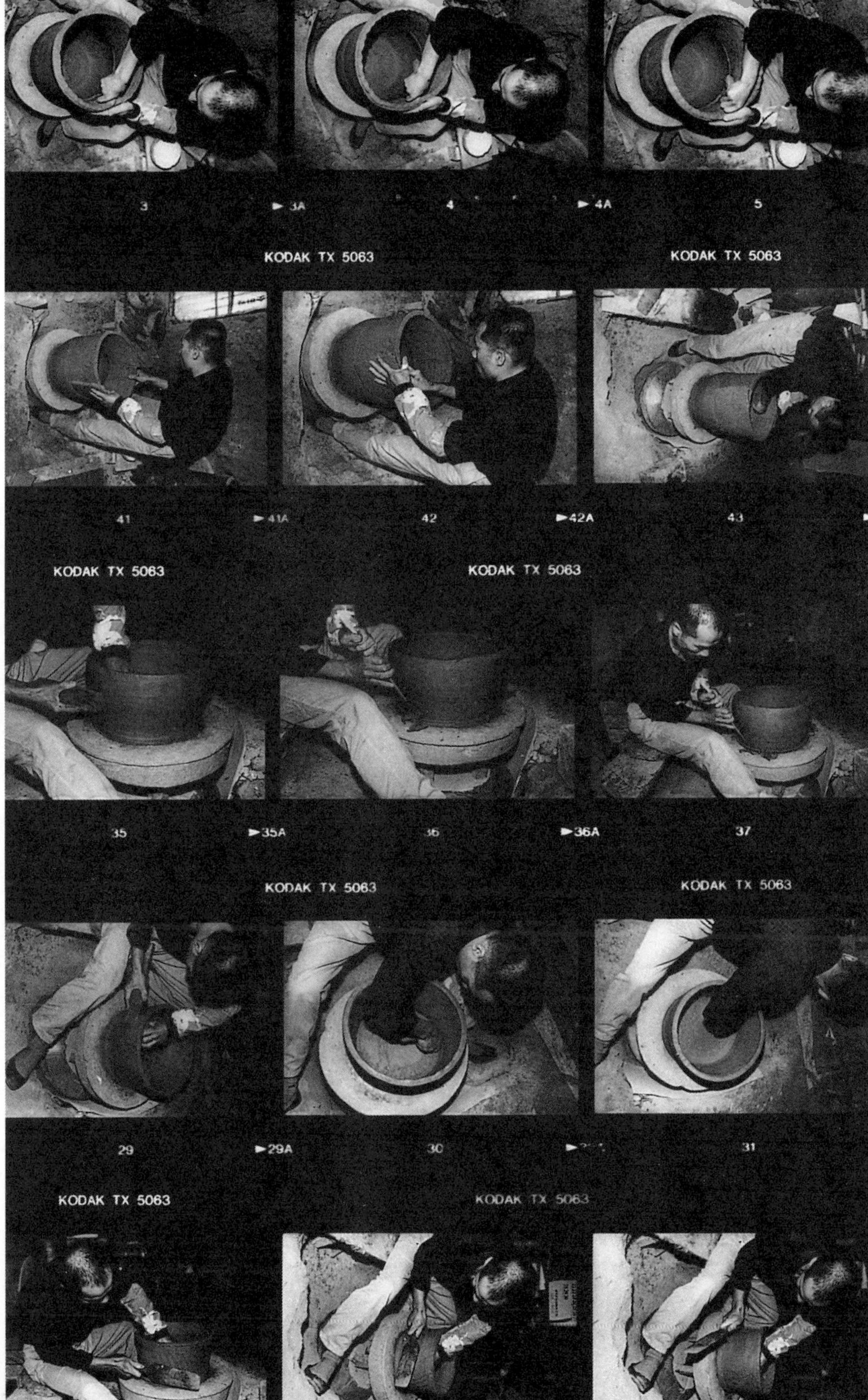

3
3A
4
4A
5
KODAK TX 5063
KODAK TX 5063
41
41A
42
42A
43
KODAK TX 5063
KODAK TX 5063
35
35A
36
36A
37
KODAK TX 5063
KODAK TX 5063
29
29A
30
31
KODAK TX 5063
KODAK TX 5063

자유

이현세씨의 만화 『공포의 외인구단』 마지막 장면에 마동탁이 마지막 타석에 들어선다. 후기리그에 혜성처럼 나타난 공포의 외인구단. 손병호 감독은 외인구단의 목표는 우승이 아니라 전승이라고 말한다. 또 그렇게 되어간다. 한 마디로 만화 같은 기적이 일어난 것이며 만화니까 가능할 수 있는 일이기도 하다. 그들 외인구단이 보여주는 플레이는 한 마디로 꼴값이다. 굼벵이도 기는 재주는 있다는 작은 몸짓이며, "병신 꼴값하고 자빠졌네"의 그 꼴값인 것이다. 그들의 플레이에 박수를 보낼 수 없었던 선택받은 인간 마동탁. 그 천재적 선수가 마지막 순간에 필살 타법으로 나온다. 사람의 귀하고 천한 것은 이미 정해져 있으니 천하디천한 외인구단을 장외로 날려버리겠다는 필살 타법이다.

여기에 까치는 필살 수비로 맞서게 된다. 그것은 자기의 모든 것을 걸고, 심지어 생명까지 담보하며 병신들이 꼴값으로 펼치는 아름다운 플레이를 지키겠노라는 장엄한 결심인 것이다. 읍내닭과 촌닭으로 비유하자면 읍내닭 마동탁이가 이제껏 촌닭의 창자까지 훑어먹었으면서 마침내는 모가지를 비틀겠다는 필살 타법으로 나온 것이고, 촌닭 까치는 읍내닭의 썩어빠

진 눈깔을 파먹을 수도 있다는 필살 수비로 맞선 것이다.

읍내닭 마동탁의 타구를 멋지게 잡아낸 촌닭 까치. 그런데 그가 손에 쥔 것은 읍내닭 마동탁의 눈깔이 아니라 바로 자기 자신의 눈깔이었다. 그렇게 마동탁의 아내 엄지에게 네가 좋아하는 일이라면 무엇이든 할 수 있어 하더니 한 번만 져달라는 엄지의 부탁에 결국 외인구단은 일패를 하게 되는데 손병호 감독은 심장마비로 죽고, 까치는 부상으로 눈을 잃게 된 것이다. 이에 충격을 받은 엄지는 정신이상이 되고 만다.

까치의 품에 안겨 울고 있는 엄지의 모습. 그 마지막 장면의 여운이 십 년 넘게 생생하게 남아 있다. 백 게임 연속 안타의 화려한 플레이로 엄지를 차지한 마동탁. 과연 그는 강했을까. 엄지에 대한 사랑이 진정이었을까. 강하다는 것, 그것은 자유의 소산이지 지배의 소산일 수 없다.
사랑의 힘이 위대할 수 있는 것도 자유의 소산이기 때문이 아닐까?

사랑을 하고 싶다. 이길 수도 질 수도 있는 그런 사랑 말이다. 같은 식으로 이 사람도 옹기일을 붙들 수도 놓을 수도 있는 자유의지를 갖고 싶다. 좋은 일로 옹기일이어야지 이게 무슨 행세가 되고 방편이 되는 그런 불행한 옹기쟁이가 되고 싶지 않다. 사람한테 옹기여야지 옹기한테 사람이 매이고 싶지 않은 것이다. 자유. 독립. 자유 독립 만세!

매디슨 카운티의 다리

서울서 사진작가 최광호 선생 일행이 왔드랬다. 사진을 찍으러 온 거라 가마금에서 도성암으로 꽃이 한창인 차밭을 안내했다. 그리고 개곡마을의 만석이 양반네 똘감나무를 찍으러 밤나무밭엘 갔드랬다. 어휴, 근데 이 양반들이 한참을 그냥 못 지나간다. 사진을 찍느라고. 같은 자리에서도 얼마나 많이 찍는지 꼭 따발총 쏘듯이 찍어댄다. 보다 못해 "아따, 무작스럽게 찍어대는구만" 했더니 멋쩍게 웃으면서 필름 아끼면 사진 못 찍는다 한다.

사실 나는 전문적인 사진작가가 사진 찍는 걸 처음 봤다. 장비들을 보니 별게 다 있었다. 얼른 보이는 것만 해도 카메라만 네 가지를 보았다. 똘감나무를 찍을 때는 커다란 망원렌즈를 봤는데 대포처럼 생긴 것도 그랬지만 그거 하나가 사오백만 원 한다는 소리에 속으로 놀랬다.

사진작가와 옹기쟁이. 비교가 되었다. 블랙진 바지에 주머니가 많이 달린 조끼, 발목까지 올라가는 가죽 신발, 그리고 이런저런 장비가 담긴 가방. 거기에 비해 이 옹기쟁이는 흙 묻은 회색 트레이닝 바지에 아줌마가 입던 빨간 조끼, 고무신, 그리고 감을 따주려고 들고 있는 장대.

옹기쟁이가 사진작가에게 이렇게 열등감을 갖게 된 것은 며칠 전 읽은 소설책 때문이었다. 아내가 권해서 읽었는데 '로버트 제임스 월러'가 쓴『매디슨 카운티의 다리』라는 책이다. 아내는 누구에게 선물할 일이 있으면 이 책을 일 삼아서 선물하고 있다.

이 책을 읽고 나서 아내는 사진을 배우고 싶어했다. 또 남자 주인공이 소속했던『내셔널 지오그래픽』을 정기구독하자 했다. 사진을 배우고 싶어하는 걸 내 무어라 할 말이 없었는데 비용이 부담이 된다며 스스로 포기를 했다.『내셔널 지오그래픽』을 정기구독하는 것은 한 권 구해서 봤는데 한국판이 프린트 상태와 편집이 맘에 안 들어 관두기로 했다.

『매디슨 카운티의 다리』는 사진작가 '로버트 킨게이트'와 드라이브웨이의 농장 부인 '프란체스카 존슨'의 나흘간의 사랑을 얘기한 것인데, 처음 이 책에 흥미를 느낀 것은 이 책을 출판한 출판사 때문이었다. 전직 대통령 전두환씨의 아들 전재국씨가 '시공사'라는 출판사를 운영한다기에 어떤 성향의 책을 어떻게 출판하는지 궁금했던 것이다.

도덕의 잣대로 재기에는 너무나 아름다운 나흘간의 사랑 이야기. 책장을 넘기는 게 오히려 아쉽고 읽고 나서는 들녘에 울려 퍼지는 범종소리처럼 여운이 길어 내 사랑, 내 인생을 뭔가 달리 바꿔보고 싶어지는 그런 소설 하나.

옹기일 때문에 아내와 떨어져 한 달 만에나 집에 갔다 오는 이 사람에게는 소설의 감동보다 경계심을 먼저 갖게 하였다.

'방금 딴 콜라처럼 톡 쏘고 달콤한, 모든 여성들의 환상적 로맨티시즘'이란 평가와 '제2의 러브스토리'란 평판 속에 스티븐 스필버그 감독이 영화로 기획 제작 중.

『매디슨 카운티의 다리』란 책이 '콜라 맛'이고 주인공 로버트 킨케이드가 '탄산수 같은 남자'라면 이 사람은 숨쉬는 옹기를 만든다 하여 얻은 별명 '산소 같은 남자'요, 아들이 '물'이니 이물 애비로 '생수 같은 남자'가 아니겠는가. 잘 하면 「독 짓는 젊은이」라는 영화도 기대해 볼 수 있겠다.
사실 요즘 음료시장의 판도도 탄산수에서 이온수로, 이온수에서 생수로 바뀌고 있으니 사랑도 그래야 하지 않을까. 콜라 같은 사랑에서 포카리스웨트 같은 사랑으로, 포카리스웨트 같은 사랑에서 생수 같은 사랑으로 말이다.

술잔 필름(FILM)

나에게 소설 『매디슨 카운티의 다리』는 경계심만이 아닌 경각심까지 갖게 해주었음을 고백한다. 그리고 그때 사진작가들이 필름통을 소주잔으로 쓰는 게 참 멋져 보였기에 그 느낌을 옹기에다 옮겨보고 싶었다. 그래 나는 이 술병세트를 '매디슨 카운티의 다리'라 부르고 술잔을 필름(FILM)이라 부르게 되었다.

먼 문화, 가까운 문화

문화란 무엇인가? 언제부턴가 궁금했다. 그러다 친구네 집에서 꼭 그대로 제목이 되어 만들어진 책을 봤다. 그래 그 책을 구입해 읽었는데 제목처럼 문화가 무엇인지 계속 궁금증을 갖게 해주는 책이지 '문화란 뭐뭐다'라고 얘기해 주는 책이 아니었다.

문화란 무엇일까? 도대체 문화가 무엇인지 모르겠다. 그렇다고 사전에서 찾아보고 싶지는 않다. 비슷한 동기로 사전을 찾아본 적이 있었는데 매번 사전이란 책은 왠지 사람을 허탈하게 했다. 그래 사전에서 문화를 찾고 싶지는 않았다.

지난 십이월 십삼일, 문화저널 식구들과 함께 용담댐 수몰 예정지역 문화유적답사를 함께 했다. 학교 다닐 때 가깝게 사는 학생이 늘 지각하듯이 늦게사 진안읍 수상센터 앞에서 합류했기에 미안스러웠다. 그래 인사말이 "앞으로 열심히 살겠습니다"가 되었다. 그랬더니 머리를 짧게 깎은 사람이 버스 맨 앞에 서서 '열심히 살겠다' 하여 이상했던 모양이다. 답사팀은 구곡 고인돌, 와정 보루성, 수천리 고분군, 모정리 여의실을 돌아봤다. 발굴팀은 첩첩산중이라 별 기대 안 하고 발굴을 시작했는데 놀랍게도 다양한 유적이 발굴되었다 한다.

진안이 고향인 한승헌 감사원장께서 "거 봐! 우리 고향이 이렇게 대단한 곳이야" 하셨다. 나도 내 사는 곳이 늘 대단한 곳이라는 자부심이 있었기에 그게 입증되는 것 같아 기분이 좋았다. 수천리 고분군에서 발굴된 여러 시대의 그릇 중에 요즘 새롭게 만들고 있는 그릇과 같은 느낌을 주는 게 있어 시공을 뛰어넘어 누군가를 만나는 것 같아 희열이 있었다. 하지만 그것도 '문화란 무엇일까?' 하는 궁금증을 풀어주지는 못했다.

그러다 이틀 뒤 이웃에 저녁식사를 초대받아 저녁밥을 맛있게 먹었다. 그러고는 답례로 차를 사겠다고 했더니 옆에 있던 애들이 '풍경'으로 가자고 야단이다. 아내도 그리 하자 한다. '풍경'은 저번날 용담댐 문화유적 답사를 하기 위해 버스를 탔던 수삼센터 이층에 있는 레스토랑이다. 도시 사람들한테야 별거 아니겠지만 진안읍에서 제일 알아주는 곳이다. 애들과 함께 이제껏 한 번 가본 곳인데 애들은 가끔 커다란 유리컵에 담긴 아이스크림, 갖가지 색깔과 맛의 소스, 그리고 장식으로 꽂힌 우산을 얘기하곤 한다. 아내는 발음이 잘 안 된다 하면서 아예 '해질녘'이라고 하는 헤이즐넛 커피향을 기억해 내곤 했다.

술을 좀 마셨기에 멀리는 못 간다고 하면서 다음에 가자 했더니 언제 갈 거냐고 해서 방학 끝나기 전에는 한 번 가자 했다.

방학이 얼마 남지 않았다. 도대체 문화가 무엇인지 알아지지 않는다. 이젠 아예 문화가 무엇인지 알고 싶지 않다. '풍경'에 가서 애들에게는 아이스크림을 시켜주고 아내와 '해질녘'이나 폼나게 마셔볼란다.

근본의 자리

나는 일상성을 추구하는 사람으로 먹던 걸 먹는 게 좋고, 놀던 데서 노는 게 좋고, 입던 걸 입는 게 좋은 사람이다. 그러다 보니 옷 갈아입는 게 큰 행사다.

깔끔한 성격의 아내에겐 이런 내가 골치 아픈 서방이다. 사정이 이렇다 보니 아이엠에프의 정리해고처럼, 전교조의 해직교사처럼 강제로 옷을 벗어야 하는 일이 많다.

어제 또 그런 사태가 발생했다. 빨래를 할 테니 내놓으라는 말에 몇 번 저항하다가 집행당하고 말았다. 그러다 외출할 일이 있어 지갑을 찾다 보니 세탁기 속에서 물에 잠겨 빙빙 돌고 있었다. 지갑을 꺼내 내용물을 말리려고 하나하나 꺼내 펴서 방바닥에다 까는데 '근본'에 대한 글귀가 보였다.

때를 만나지 못하여 세상에서 처신하기가 매우 어려워질 때는 근본의 자리로 되돌아가 뿌리를 깊이 내리고 어려움을 잘 견디어내는 일이 몸을 보존할 수 있는 길이다.

— 『장자』 「선성」편

날짜도 함께 씌어 있었다. 일천구백구십일년 이월 일일. 내 알겠다. 사박 오일의 남도 여행 중 마지막 날 옹기굴에 갔다가 새벽기차로 서울에 도착해서는 잠자는 아내를 깨워 옹기굴로 들어가자 했다. 그러자며 동의하던 아내와 다시 찾아갔는데 마침 가마에다 그릇을 넣고 불을 때는 중이었다. 그래 방에서 기다리다 보게 된 책에서 옮겨 적어 부적처럼 늘 지녔던 것이다. 그때 나는 나의 근본을 흙에다 뒀던 게 분명했다.

흙이란 무엇인가? 물어보지 않았을 때는 늘 알고 있는 줄 알았다가 얘기하자면 뭐다라고 얘기하기가 어려운 게 흙이다. 돌아가 보자. 흙 토(土)말고 까만 흑(黑)으로 말이다. 눈 감으면 까맣고 까마득하지만 막막하지만은 않은 것은 어느 가수의 노래말처럼 "눈감으면 떠오르는……" 어쩌고 저쩌고 하는 뭔가가 있다. 그 가수는 '고향의 봄'이라 노래했는데 그 까맣고 까마득한 게 우리의 '고향'이고 '고향의 봄'이라는 얘기다. 그렇다면 우리가 거기서 왔다는 얘기인데 흙이 하늘말고 땅, 그래서 구두나 운동화, 더러는 고무신이나 장화에 밟히는 것만이 아닌 것이다. 발을 헛디뎌 천길 만길 낭떠러지로 떨어지는 듯한 '아찔했던 순간' 그것도 흙이라는 얘기고, 어디 높은 빌딩 난간에서 키 큰 나무 높은 가지에 매달린 '아슬아슬함'이나 땅 속 깊은 동굴 속에 들어가 엄습해 오는 '움찔함'이 같다는 얘기도 되고.

거기 어디가 우리의 고향이라니 까맣고 까마득한 거, 막막한 거, 아찔한 거, 아슬아슬한 거, 움찔한 거 아주 가깝게 편안하고 평온하고 따뜻하고 그지없이 좋은 게 있다는 얘기가 아니겠는가.

결국 내가 찾았던 게, 찾은 게 그랬다는 얘기가 되는구나…….

다가오는 ‘내일’도 ‘오늘’과 같을 것이다

지난 여름 비가 징그럽게 오던 날, 그런 걸 ‘방콕(방에 콕 틀어박혀 있는 것)’이라 한다던가, 그래도 때가 되면 배가 고프길래 시계를 보다가 똑딱똑딱 돌아가는 시계바늘을 따라다니게 되었다. 그러다 희한한 일이 생겼다. 시계가 갔었는데 나중에는 내가 가는 거였다. 그게 재미있어 한참을 그렇게 보냈다.

그 동안 새 천년이니 밀레니엄이니 이십일세기니 해도 그런 것에 별 관심 없다가 요 며칠 가만 보니 ‘속도’에 대한 얘기가 많다. 그건 내 생각에도 그럴 것 같다. 지난 세월이 ‘힘’의 작용이 컸다면 앞으로의 세월은 ‘속도’의 작용이 클 것이다.

나는 옹기장이로 아직도 발물레를 사용하고 있다. 발물레를 쓰자면 앉은개를 왼쪽을 높게 하고 오른쪽을 낮게 하여 비스듬히 두는데, 허리에 무리가 많이 가는 자세다. 이렇게 허리 통증을 감수하면서까지 발물레를 쓰는 것은 결코 전통을 고수하고자 함이 아니다. 전기물레가 편하고 그릇을 많

이 만들 수 있다는 걸 알지만 회전속도를 감당하지 못하기 때문에 발물레를 쓰는 것이다.

나한테 좋은 그릇은 내 호흡에서 벗어나지 않은 그릇이다. 발물레는 그릇을 빚을 때 호흡이 담기며 또 꼭 호흡만큼이니 보기에도 좋다.

그렇다고 내가 이렇게만 사는 것은 아니다. '힘'이 행세하는 세상에서의 소외가 '속도'가 행세하는 세상에까지 이어져서야 되겠는가. 그래 게임을 하나 만들었다. 내 몸에서 세포를 하나 떼어내어 무진장 빠른 속도로 태양을 향해 돌진하는 것이다. 그 뜨거운 태양에 미처 타지 않을 정도로 빠른 속도로 태양의 중심을 관통하는 것이다. 그러면 불 속에 든 물이 태양을 식혀 까맣게 만든다. 그러고는 다시 지구를 향해 무진장 빠른 속도로 돌진하는 것이다. 그래 물 속에 든 불이 지구를 태워 까맣게 만든다. 그러고선 지구와 태양을 충돌시켜 없애는 것이다. 이 게임을 통해 속도감을 익히면서 불 속에 물이 든 태양의 모순, 물 속에 불이 든 지구의 모순을 극복하고 싶은 것이다.

어려서 이때쯤에 지구의 종말이 온다는 얘길 들었던 기억이 있다. 그래 열심히 나이 계산을 해보고는 얼마만큼 살 수 있구나 하며 아쉽지만 그런 대로 살 만큼은 되는구나 싶었다. 장가를 가면 아이들이 어릴 텐데 그놈들은 억울하겠구나 하는 생각도 했었다.

오늘날, 어린 마음에 속았다 싶으니까 무슨 박사니, 무슨 교수니, 무슨 학자니 하면서 새 천년에는 어쩔 것이다 하는 소리에 그게 다 당신들 생각이지 나하고야 무슨 상관이 있겠냐 싶은 것이다.

그러면서 다시 그때 마음으로 살고 싶다. 지금은 초등학교라 하지만 그때는 국민학교라 했으니 국민학생 때인데, 싸움이 붙으면 때릴 듯 말 듯하다가 한 친구가 "이그, 이걸 그냥" 하면서 "너 나중에 강당 뒤로 와!" 한다. 그럼 다른 친구가 "나중에 보자는 놈치고 무서운 놈 없더라" 한다. 그렇다. 나중에 보자는 놈치고 별 볼일 있는 놈 없는 것이다.

다른 얘기로 뭔가 내기가 되어가지고 "내일 백 원 줄게" 했다가 다음날 백 원을 달라고 하면 "내일 준다고 했잖아" 한다. 그래 오늘, 내일 시비를 하게 되는데 내일은 없다. 내일은 허당인 것이다. 결국 오늘, 지금 당장을 살아야 하는 것이다.

속도는 호흡이다. 호흡에서 벗어난 속도는 아무것도 아니다. 내 호흡에서 속도가 나오는 것이다. 호흡은 생명이다. 삶이다. 나의 삶에서 벗어난 속도는 아무것도 아니다. 내가 사는 것이다.
나는 그래 새 천년도 하루요 오늘이니, 다가오는 이십일세기도 오늘과 같을 거라 믿는다.

노래하는 가위

고운 비단을 자르다 왔다고 뽐내는데
아름다운 아가씨의 머리를 자르다 왔다고 뽐내는데
굉장한 준공식의 오색 테이프를 자르다 왔다고 뽐내는데

여기
이 볼품없는 가위를 좀 보소
넓적한 것이 꼭 뺑덕어미 엉덩이를 닮았고
대충대충 두들긴 것이 사춘기에 여드름이 박박 난 남학생을 닮았고
날이 무디어 그 무엇도 자르지 못하는
참으로 볼품없고 쓰잘데기없는 가위
엿장시 가위

그러나
이게 있다
노래할 줄을 안다

좋은 가위, 그러니까 내로라 하는 가위가 분리시킨 너와 나, 남과 북, 위와
아래가 어우러지게 노래를 한다
신명나게 노래를 한다

세상에서 소외받는 사람과 고물
그 모오든 것들로 하여금 꼴값을 하게 하고
그게 얼마나 아름다운 것인가를 깨우쳐준다
—1984. 12.

옹기에 대한 몇 가지 오해

이삼 년 되었나 보다. 옹기공부를 하고 싶은데 어떻게 하면 좋은지 물어온 젊은 친구가 있었다. 나는 "말로 하고 생각으로 하는 게 제일 쉽고 빠른 방법"이라고 했다. 내가 너무 쉽게 가르쳐준 탓인지 그 친구는 별로 귀담아 듣는 것 같지 않았다. 그래 내가 여호와 하느님이 태초에 천지만물을 창조할 때 손으로 쭈물떡 만들었다고 하면 이 순간까지도 마무리를 못 했을 거라 했다. '말로 했으니까 엿새 만에 해치울 수 있었지' 했다. 그래도 별로 받아들이는 것 같지 않았다. 믿음이 문제라는 얘기다.

백기완 선생께서 좋은 옹기는 "딱 보면 침이 돌아야 한다"고 하셨다. 그러자면 나는 아리랑 고개를 넘어야 한다고 말한다. 침이라는 게 내 안에서 넘어갈 때 '꼴깍' 넘어가잖은가? 바로 이 '꼴깍'이란 고개를 넘는 소리인 것이다. 서양에서도 나폴레옹이 알프스 산맥을 넘으며 군사들이 목말라하니까 저기 저 '고개를 넘으면' 살구나무가 있을 것이다 해가지고 침이 고이게 했다지 않은가. 청춘남녀가 어느 선을 넘어가기에 앞서 '꼴깍' 침을 삼키지 않던가. 갈 때까지 가보자는 얘기다.

사람이 몸과 마음으로 되어 있듯이 옹기도 옹기와 옹기적인 걸로 되어 있다. 그래 나는 가끔 옹기를 옹기적인 것에서 찾는다. 고속도로 휴게소에서 일회용품으로 쓰이는 것들, 시장의 플라스틱 그릇들, 쓰레기장에 버려진 것들에서. 옹기는 플라스틱을 원수 삼을 만하지만 플라스틱은 대부분 옹기 모양을 닮았다. 더욱이 오래 된 것들은 거의 닮았다. 그러고 보면 세상에 서로 원수 지고 살 일이 아니다. 이거다 저거다 할 게 아니라 이건 이것대로 저건 저것대로 각자의 자격대로 살 일이다.
그리하여 우리 모두가 다양한 생각이 함께 공존하는 그런 세상이 되었으면 좋겠다. 이제는 자기만큼 살아보자는 얘기다.

사람들이 "유월 장마에 구운 옹구는 안 좋다면서요" 한다. 여름에 구운 것은 장맛이 변한다는 것이다. 옹구를 아무리 구워봐도 어찌 그런 말이 생겼는지 알 수가 없다. 그래 가만 보니까 그거 옹구쟁이가 지어낸 말이다. 봄에서 가을까지 그릇 만들어 구워가지고는 찬바람 불면 팔러 다니면서 재고 없애려고 정월 장 담글 시절에 지어낸 말이다. 같은 식으로 이 사람도 이 지면을 통해 별소리를 다했다. 하나도 귀담아 들을 소리가 없다. 역시 옹기쟁이는 그릇으로 말해야 한다. 좋은 그릇을 만드는 일로 죄값을 해야겠다.

다시 쓰는 옹기사전

도랑사구

손내마을 물 아래 '섬진강 시인'이라 불리는 김용택 시인이 초등학교 교사로 일하면서 살고 있답니다. 섬진강은 손내마을이 있는 백운면의 데미샘에서 발원하고 있기에 저희에게는 그저 또랑(도랑)물인 거지요.

처음 진메초등학교에서 만난 김용택 시인과 함께 물을 봤을 때는 저 정도를 강물이라 읊었나 했었답니다. 이제는 옹기를 통해 우리가 구해야 할 것이 크기와 부피에 있지 않고 깊이에 있음을 알게 되었습니다.

이 물건 귀(사구)를 달아 '도랑사구'가 되었습니다. 물을 담아 재웠다가 가만히 따라 보시면 그 좋다는 '강심수(江心水)'라는 게 '내 마음의 깊이'에서 나오는 거구나 하실 겁니다.

알단지

얼마만하다고 해야 할까요. 잣대로 잰다면 주먹만하지요. 하지만 어디 그만만 합
니까. 장독대의 열두 동이짜리만하지요. 이렇게 제대로 된 옹기는 크거나 작거나
관계없이 우리에게는 거창하게 자리잡고 있는 거지요.

청단지

옛날 꿀 소승 한 되짜리입니다. 고춧가루 같은 것을 담거나 작은 살림에 깍두기
같은 것을 담으셔도 좋습니다. 아직까지도 고추장이나 된장을 친정 또는 시집에
신세(?)지고 있다면 그렇게도 적당한 크기고요.

귀단지(냉장고용 단지)

참으로 적절한 관계로 '발효＝호흡＝옹기'가 형성되어 있지요. 오늘날 장독대를 대신하고 있는 게 바로 냉장고거든요. 그래 옹기와 냉장고는 '부적절한 관계' '불편한 관계'라 할 수 있어요. 하지만 호흡이라고 하는 것은 냉장고에서도 옹기에다 담으면 확실히 다르답니다. 냉장고 속의 장독대, 그 맛 그 재미가 오늘을 사는 의미가 될 것입니다.

곤쟁이꽃병

살아 숨쉬는 옹기가 꽃의 수명까지 달리 합니다. 생김새 또한 가장 전통적이어서
가장 현대적입니다.

꽃장군
술 담으면 술장군
물 담으면 물장군
똥 담으면 똥장군
이니 꽃을 꽂아
꽃장군

쌀독

옛날 같지 않아 밥만 먹는 세상이 아니라서 쌀이 그리 많이 드는 건 아니지만 집
안에 쌀이 그득하면 먼저 마음이 든든하지요. 그 좋은 쌀을 벌레가 덤벼 난감하
게 하기도 하는데 이 쌀독 벌레를 물리쳐주지요, 생김새가 이미 세련되어서 요즘
부엌가구와도 잘 어울리지요, 가득 차 보여 두루두루 좋은 물건입니다.

확독

대개 우물가에 놓이기가 쉬웠는데 고추, 마늘을 갈아 김치를 버무리고는 식은 밥 한 그릇으로 한 끼를 근사하게 해결하곤 했지요. 김치를 그리 담그는 게 맛있는 줄 알지만 요즘처럼 바쁜 세상에는 어려운 일이지요. 평소 항아리 뚜껑이나 콩나물시루 받침으로 쓰시다가 일 년에 한두 번쯤은 맘먹고 그리 해보신다면 "한 번을 먹어도 바로 이 맛이야" 하실 겁니다.

찻그릇

항아리가 알을 낳는다? 바로 그 알단지를 찻단지로 하여 만들게 된 찻그릇입니다. 장병의 곱게 접은 물꼭지와 약탕기의 생기 있는 손잡이가 달린 차우리개. 가장 오랫동안 온기를 간직하는 뚝배기 모양의 찻잔, 그리고 귀투가리가 차생활에 좋은 벗이 되어줄 것입니다.

한송이꽃병

딴 나라 사람들, 꽃을 꼭 다발로 해결하려 하잖아요. 우리는 한 송이로도 해결할
줄 알았는데 말예요. 꽃 한 송이에 우리가 이마만큼 여유로울 수 있다는 것은 참
으로 멋진 일이지요.

고춧가루단지, 깨소금단지

국이든 찌개든 얼큰해야 제맛이죠. 가스레인지 가깝게 두었다가 한 큰술 퍼넣기
좋습니다. 깨소금을 담았다가 나물 무칠 때도 좋고요.

왕소금단지

아무 그릇에나 담아둘 수 없는 게 소금인데 그 소금을 감당할 수 있는 가장 좋은
그릇이 옹기지요. 가스레인지 가깝게 두셨다가 국이나 생선 따위의 간을 맞춰 보
시지요.

시루

무쇠솥과 시루 사이의 밀떡 추억이 있으시죠? 요즘 우리 아이들이 풍선처럼 부풀어난 케이크를 좋아하다 보니 떡이 많이 멀어졌지요. 그렇지만 잔뜩 부풀린 케이크와 달리 치대고 치댄, 그래 끈끈하기까지 한 떡맛을 포기하진 마세요. '우리'라는 말, '가족'이라는 말에 언젠가는 끈끈한 정을 느끼게 될 테니까요. 요즘에 작게 만들고 있습니다. 맘먹고 적당한 양의 떡이나 찰밥으로 케이크를 대적해 보셨으면 합니다.

옴박지

어머니들께서 이 그릇을 보면 쓰임새와 상관없이 한결같이 좋아하신답니다. 오 랜 세월 우리의 살림을 꾸려오면서 뭐든지 넉넉하게 담을 수 있을 것 같은 생김 새 때문일 것입니다. 이 그릇은 나물을 푸지게 무칠 때 좋구요. 더러는 물을 담아 금붕어를 넣구서 수련을 띄우셔도 좋습니다.

수저통

수저를 플라스틱에 눕혀 두셨죠? 세우면 넘어가고요. 한번 때 탄 플라스틱은 씻어도 가시지 않아요. 옹기 수저통은 제 몸무게가 있어 수저를 바로 세워주고 깊고 넓은 옹기 색감이 식탁을 온화하게 해줍니다. 칫솔, 치약을 꽂아도 좋습니다.

장병

정성 들여 담근 장은 알칼리성입니다만 플라스틱이나 유리병에 담기면서 산성화되고 맙니다. 옹기장병은 장맛을 장독대에서 식탁까지 온전하게 옮겨줍니다.

물분지(물독)

동네 우물을 쓰던 시절, 힘은 들었지만 두레박으로 물을 길어 올릴 때 그 마음이 모든 시름을 잊게 해주었지요.

요즘 입식부엌, 싱크대가 편리하다지만 따로 다용도실을 두어 쭈그리고 앉아야 일할 맛이 날 때 우물의 기분이 나게 하는 물건입니다.

오목아리

이 그릇은 저희가 막내인 이바우의 이미지가 담긴 '바우단지'라 하는 여러 그릇들 가운에 하나로 오목아리라 합니다. 오목아리는 '바우단지'에서 어깨까지를 잡은 그릇으로 몸을 이루는 질흙을 다르게 하여 직화열에서도 쓸 수 있도록 내열성을 두었습니다. 그래 찌개 같은 것을 바로 끓일 수 있습니다. 다르게는 곰탕 등의 탕류, 비빔밥, 국수, 라면, 떡국 같은 것들을 담아낼 수 있으며, 나무로 만들어진 받침과 함께할 때는 우리의 전통 반상기 문화에서 '독상차림'의 의미까지 담아내는 일이 될 것입니다.

이 그릇은 불 먹은 흙으로 만들어진 그릇이기 때문에, 뜨거울 때 갑자기 차가운 물에 담그면 그릇의 수명이 짧아지니 잠깐 식혔다가 담그시면 오래 사용하실 수 있습니다.

반곤쟁이
생긴 걸로는 곤쟁이의 절반인데 손님 앞에 적은 양의 과일이나 다과를 내신다면
그 가운데서 제 구실을 톡톡히 해낼 것입니다.
국수나 수제비를 담아 보세요. 밀가루 음식으로 기세가 드높은 이탈리아 음식을
대적할 만큼 당당한 음식이 되게 해준답니다. 찜기로도 좋고요.

키다리꽃병(우산꽂이)

주말 야외 나들이에서 돌아오실 때 버드나무 같은 거 한 가지 얻어 꽂으셔도 좋고, 전지된 것 중에 미련 남는 가지를 꽂으셔도 좋습니다. 장마철에는 우산꽂이로도 좋습니다.

필통, 붓통

"춍명이 듄필만 굿디 못ㅎ다 ㅎ니." 이 말은 총명이 무딘 붓 끝만 못하다는 말로 가정백과사전을 편찬한 빙허각 이씨가 자신의 저서인 『규합총서』의 머리말에 쓴 말입니다. 아무리 총명해도 기록을 한다는 것이 자신을 위해서나 사회를 위해서나 지극히 중요하다는 것을 강조한 말이지요. 다르게는 조선시대 유교사회에서 아녀자의 몸으로 글을 쓴다는 것에 대한 자기 변명으로도 보입니다. 저 또한 옹기일을 하면서 옹기쟁이 자격으로 글을 쓰자니 민망스러워 새 노트가 생기면 첫 장에 새겼드렸습니다. 그리고 그릇을 빚을 줄 알게 되어서는 필통에다 새기게 되었습니다. "춍명이 듄필만 굿디 못ㅎ다 ㅎ니."

엄지(the espresso of the thumb)

우리의 수천 년 도자기 역사를 길게 이어온 옹기. 그 전통적 옹기 중에 커피잔은 없습니다. 다만 역한 기운을 밖으로 밀어내며 스스로 맛을 고를 줄 아는 옹기에 삶과 커피까지 담아보자는 것입니다. 그래 이 시대의 삶과 함께 호흡하고자 만들어진 게 이 에스프레소 커피잔입니다.

옹기장이는 엄지손가락의 손톱을 길게 한답니다. 그릇을 빚을 때 전(씨욱)을 잡기 위한 것이지요. 그래 그릇이 입술에 닿을 때 부드럽게 해준답니다. 그 엄지를 손잡이에 옮겼습니다. 손잡이의 빗살무늬는 손톱을 옮긴 것입니다.

지금 에스프레소 커피잔 '엄지'를 잡으셨다면 옹기장이의 손을 잡아주신 것입니다. 고맙습니다.

화분

우리처럼 화분에 너그러운 백성도 없을 겁니다. 좋은 화초, 좋은 꽃나무를 숨구멍이 꽉 막힌 플라스틱이나 이런저런 화공약품이 발라진 화분에다 맡겨두니 말입니다. 더러는 그게 민망하여 은박지로 가려보기도 했지요.

화분 공부를 하고 있습니다. 제대로 된 화분을 세상에 내놓고자 말입니다.

재떨이(사각소스볼)

재떨이 같지 않다구요? 맞습니다. 굳이 재떨이로만 쓸 필요는 없습니다. 소스볼로도 안성맞춤이고요, 결혼기념일에 물에 뜨는 촛불을 피우면 분위기가 한껏 살아납니다. 집안 곳곳이 금연 장소로 지정되어 쉴 곳이 없어진 애연가들께서는 이 재떨이를 베란다에 놓아보십시오. 베란다가 훌륭한 쉼터가 될 것입니다.

오목단지

솔직히 요강을 줄여놓은 것입니다. 그래 어르신네 가래침 같은 걸 뱉는 타구나 새색시 시집갈 때 가마 안에서 일회용으로 쓰인 가마요강인 셈인데, 우리가 생각을 바꾸면 꽃꽂이하고 키 작게 남는 것들을 소복하게 꽂아도 좋구요, 캔디 같은 걸 담아도 좋습니다. 재떨이나 바둑알통으로 쓰실 수 있습니다.

양식기

옹기장이는 뭐든지 옹기로 해결하려 드는 게 있습니다. 무엇보다 옹기가 가깝고 자연스러운 여건이기 때문일 것입니다. 저희가 된장만 먹는 게 아니라 가끔은 아이들의 성화에 피자나 돈까스 같은 것도 먹게 되는데 그때 쓰이는 그릇을 옹기로 만들어보면 어떨까 했습니다.

생김새는 바내기(항아리 뚜껑)에서 왔습니다. 아랫녘에서는 바내기의 키를 키워 큰일을 치를 때 엎어서 그릇으로 쓰기도 했답니다. 같은 식으로 가끔 양식을 담아보자 만들었습니다. 다만 옹기란 게 굽이 없는 물건이라 굽다리를 두는 게 아무래도 어색해서 속굽으로 갔습니다. 요즘 서양에서 '젠스타일' '미니멀리즘' 하며 동양을 배우려 하면서 음식문화의 가장 큰 형식이 퓨전음식(fusion food)이 되었으나 마땅한 그릇이 없었습니다. 그리하여 우리 어머니들의 행위를 대안으로 제안해 본 것이랍니다.

샐러드볼(salad bowl), 수프볼(soup bowl)

바내기의 형상과 비례를 옮겼기에 아주 듬직하답니다. 코스음식이 아니라도 채
식가라면 야채(vegetables)를 푸지게 드실 수 있고, 곰탕·육개장·보신탕 같은
걸 담으셔도 좋습니다. 수프볼은 국이나 죽을 담으셔도 좋습니다.

질접시(icecream bowl)

바내기 조형에서 옮긴 것인데 겨울을 나면서 장독 뚜껑 위에 고였던 물이 얼면서
더러 깨지는 일이 있답니다. 하여 밑을 좁게 만들기도 했습니다. 그걸 뒤집어 겨
울날 눈송이 같은 얼음 보숭이(아이스크림)를 담아보자 만들었습니다. 밑을 두껍
고 무겁게 하면서 '질'의 느낌이 있어 재미가 더 있습니다.

칼전접시(main plate, dessert plate, BB plate)

옹기에서 칼전이라 함은 커다란 장독을 구울 때 바내기의 전 안쪽을 날카롭게(칼전) 하여 가마에서 장독을 앉아주게 한답니다. 그래 장독이 틀어지는 걸 방지하면서 나중에 떨어트리기 좋게 해주는 것이지요. 그 바내기를 바짝 납작하게 하여 접시가 되게 했습니다. 약간 둔탁해 보이나 이태리 음식인 파스타(pasta)와 같은 지중해 음식에 제격입니다.

과반

이 그릇은 대개 방바닥에 놓인답니다. 과일, 과자 이런 게 담겨가지고요. 그렇게 맞이할 수 있는 사람, 참 반가운 사람이지요. 그 자리는 진정 정겨운 자리일 것이고요. 이렇게 좋은 그릇은 좋은 자리, 좋은 만남을 만들어주지요. 다르게는 좋은 자리, 좋은 만남이 좋은 그릇을 만들어준답니다. 상추를 소담스럽게 담기에도 좋은 그릇이구요.

술병

이런 분위기라면 술은 못 해도 한잔 받을 만하지요. 한잔이 어렵다면 꽃을 한 송이 꽂아도 좋습니다.

약탕관

맘먹고 한약을 지었다가 어찌할 바를 몰라하셨죠. 약방에서 해주는 대로 쉽게 가자니 쇠를 다려먹는 꼴이니 말입니다. 한약은 정성이라고도 하잖아요. 가스 레인지 제일 작은 불로 두 시간 정도면 좋게 다려준답니다.

푼주(큰뚝배기)

적은 양의 나물을 무칠 수도 있고요, 온 식구가 의기투합하여 각자의 밥을 죄다 부어 비빌 수 있습니다.

차를 마실 때는 물 버리는 그릇(퇴수기)으로 쓰시기에도 좋은 그릇이고요.

키큰뚝배기

키가 이만큼 커졌습니다. 처음부터 이 나라 사람들의 삶을 담아온 옹기가 우리의 키가 커진 만큼 커졌습니다. 비빔밥 그릇으로 아주 좋습니다. 점잖은 자리에서 숟가락 긁히는 소리가 민망(?)하기도 하지만 마주 보고 웃게 되어 어려운 자리를 이물없게 해주지요.

국수나 냉면을 말아 드셔도 좋습니다.

물잔

처음 손에 쥐었을 때, 그리고 마실 때, 나중에는 내려놓기까지 좋은 느낌이 한결
같은 물건입니다.

오지솥

뜨거운 것도 시원하게 먹는 게 우리 민족인데 가스레인지 불에도 안정적인 흙으
로 배합하여 만든 그릇이니 된장찌개, 김치찌개를 끓이기에 좋구요, 좀더 큰 것
은 밥솥이나 곰솥으로 쓰셔도 좋습니다.

상차림

언젠가 신경정신과 의사선생님의 바람을 전해들은 적이 있었습니다. 식기를 죄
다 옹기로 쓰고 싶다는 거였습니다. 요즘 식기들은 신경정신의학적으로다가 건
강에 해롭다 합니다. 옹기일을 한다고 해서 세상에 모든 그릇이 죄다 옹기로 만
들어지기를 바라지는 않는답니다. 다만 어지러워진 우리 식기문화를 바로잡는
것이 옹기를 통해 가능하다고 믿기 때문이랍니다.

등잔

초를 꽂아 보시면 운치가 납니다. 도망 잘 다니는 머리핀, 실핀을 담아도 좋구요.

장독대

옹기는 밥을 담는 오목아리서부터 똥을 담는 합수독아지까지 한반도 사람들이
밥 먹고 똥 싸는 산다는 것과, 세상에 태어날 때 태항아리, 죽어서는 옹관까지 한
반도 사람들의 나고 죽는, 그야말로 처음과 마지막까지 모든 것을 담아왔습니다.
상고시대부터 이 땅의 사람들과 함께해온 옹기가 '멸종' 위기에 처해 있습니다.
이를 어찌 '그릇 중에 한 가지 소멸'로만 치부할 수 있겠습니까. 꼭 옹기가 아니
라도 어떤 물건이 원형을 간직하며 수천 년 간 쓰여왔다면 저 스스로 생명력을
가질 만하고 그 가치 또한 헤아리기 어려울 것입니다. 그러기에 오늘날 옹기의
위기는 옹기에다 그 삶을 기꺼이 담아온 우리 한반도 사람들의 위기인 것입니다.

장독대가 우리 집 안에서 아주 작은 부분을 차지했었지만 그 안에 담긴 것은 자연합일이라는 아주 커다란 것이었습니다. 오늘날 생활구조의 변화로 굳이 장을 담고 있지 않다 하더라도 여전히 제자리를 보전할 만한 충분한 자격이 있다고 봅니다.

여기 이 장독대, 옛 살림에 비교하자면 왜소하게 '애원하는 정도'의 규모이지만 얼마 지나지 않아 우리 사는 삶이 장독대에 애원하게 될지도 모를 일입니다. 우리가 단절의 세대로 남을 수는 없는 일이기에 '이 정도의 규모'로나마 다시 시작해 보기를 권합니다. 그리하여 훗날 옹기문화를 다시 부흥시킨 세대로 기억되기를 기대해 봅니다.

옹기장이 이현배 이야기

흙으로 빚는 자유

2000년 12월 15일 1판 1쇄

지은이 : 이현배
펴낸이 : 강맑실
펴낸곳 : (주)사계절출판사
책임 편집 : 차창룡·류형식
마케팅 담당 : 이병규 | 제작 : 박찬수
프로세스 : 한국커뮤니케이션
인쇄 : 대원인쇄
제본 : 경문제책
주소 : (우) 110-062 서울시 종로구 신문로 2가 1-181
전화 : (02)736-9380(대표) | FAX : (02)737-8595
등록 : 제8-48호

ⓒ 이현배, 2000
저작권자와 맺은 협약에 따라 인지를 생략합니다.

값은 뒤표지에 적혀 있습니다.
잘못 만든 책은 서점에서 바꾸어 드립니다.

사계절출판사는 성장의 의미를 생각합니다.
사계절출판사는 독자 여러분의 의견에 항상 귀기울이고 있습니다.
천리안, 하이텔, 나우누리 ID : sakyejul
http://www.sakyejul.co.kr
e·mail : skj@sakyejul.co.kr

ISBN 89-7196-753-6 33810